大展好書　好書大展
品嘗好書　冠群可期

大展好書　好書大展
品嘗好書　冠群可期

珍貴本

太極拳研究

唐豪　顧留馨◎著

作者像

唐 豪
生於 1896年初
歿於 1959年1月20日

顧留馨
生於 1908年8月7日
歿於 1990年6月17日

序 言

太極拳是中國固有的一種健身拳術，在長期發展過程中，有不少太極拳家留下了一些寶貴的經驗和良好的方法，大大豐富了太極拳的理論。但由於在解放前，武術界門戶之見很深，保守之風較重，這些拳論大部分散見於各種書中，大都言簡意賅，初學者不易理解；有些甚至是代代抄傳，沒有著書問世。

中華人民共和國成立後，由於政府的關懷、提倡，以及廣大群眾的熱情參加，太極拳這一寶貴遺產得到了發揚和推廣，並相繼出書介紹各派太極拳，對增強人民體質起了良好的作用。為了能比較系統地整理和繼承已積累的經驗和方法，以便進一步挖掘這一遺產，我從一九六一年夏起，受人民體育出版社之托，開始了這本書的編寫工作。

唐豪先生生前研究武術多年，因此，把他的關於太極拳的古拳譜的一部分考釋遺著也納入本書發表。

本書目的是參考各家著作，有系統地、綜合地闡述太極拳理論。這是個艱巨的任務，但限於我個人體驗不深，水準和精力有限，所以在編寫中時繼時續，有些技術雖然心中了了，但苦於不能達之於文字，幾經修改，闡發粗疏之處，仍難避免，謹俟讀者指正。

本書初稿曾就正於沈家楨、徐致一和李劍華諸位先生，特別是沈家楨先生對本書提出了很多寶貴意見，特表謝忱。

書中有關於陳式所強調的纏絲勁練法，武式所強調的內功方法，曾就正於陳式太極拳家沈家楨、陳照奎，武式太極拳家郝少如三位先生；在寫作過程中，邵汝乾、何炳泉二位大力協助查找資料和謄寫；周元龍先生代為繪圖；在此一併致謝。

顧留馨

一九六三年五月於上海

目錄

附錄2　其他拳論

附錄3　古典太極拳論作者小傳

幾點說明

㈠、太極拳的起源問題，曾有始於元末明初和唐代之說，考之史實，則偽托立見。作者參考大量史料，同意唐豪先生斷為太極拳創始於明末清初之說，並搜集可靠史料，撰成《太極拳的起源和發展簡史》，還其歷史的真實。附表二份，便於觀覽。

㈡、太極拳傳統套路有陳、楊、武、吳、孫五式，一脈相承，各具特點和風格，人民體育出版社為了發揚傳統，已分別出書，供愛好者選練。本書除於源流部分簡述其發展過程外，還對各式作了簡介。

㈢、太極拳身體各部位姿勢的要求，對學好動作，提高鍛鍊效果最有關係，本書綜合各家經驗與要求，作出了較為全面的分析研究。

㈣、太極拳對整體動作的要求，各家多有專著，本書綜合眾長，兼抒己見，而體系未能完整，精心構思，有待來日。

㈤、陳、王、武、李四家古典拳論，都是各家數十年身體力行的經驗總結，幾經融合精練，發為文章，言簡意賅，自有典則，足供後學研究。因此，本書立論、引證以四家為主，兼抒己見，旨在批判地接受遺產。附錄古典太極拳論，採納四家，並加考釋，而殿以原作者小傳。

㈥、經絡發源於臟腑，佈流於肢體，臟腑經絡氣血失和，則神機反常而疾病作，和則氣血流暢而強身延年。太極拳結合經絡學說，武術與導引為表裡，內氣發於丹田，腰隙（內腎）左右抽換，由旋腰轉脊，纏繞運轉，佈於周身，上行則為旋腕轉膀，下行則為旋踝轉膝，而達於四梢（手足尖端），復歸於丹田。陳、王、武、李四家拳論早已發其幽微。現代習者，有些人否認人體內氣之存在，否認經絡實質的存在，從而否認纏絲勁（抽絲勁）的練法，這使陳、王、武、李四家拳論的精要處晦而不明。

㈦、現在有些人習拳以中正安舒為呆板，以搖晃歪斜為靈活，以遺棄精華而自矜獨創，中正不偏之理轉晦。因此，本書力主「中正不偏」以矯其弊，並以「偏中寓正」為兼通之法，作為提高療效、增強體質、學會技擊之一助。

㈧、本書原擬另立推手技術一章，因此文已見《陳式太極拳》一書，為免重複，故未另寫。

第一章

太極拳的起源和發展簡史

一、太極拳的起源

關於太極拳的起源問題，曾有創始於元末明初以至唐代的說法，但經過史料的考訂，證明這些說法都是假托附會。史料和實地調查都證明太極拳是創造於明末清初，迄今已有三百多年的歷史。它是綜合性地繼承和發展了明代在民間和軍隊中流行的各家拳法，結合了古代的導引術和吐納術，吸取了古典唯物哲學陰陽學說和中醫基本理論的經絡學說，成為一種內外俱練的拳術。因此，太極拳基本上是來自群眾的、匯合眾長的拳種。

幾千年來，我國歷代勞動人民所陸續創造的技擊方法，如踢、打、跌、摔、拿等方法，都曾獨立地發展。太極拳創造人把各種不同的技擊方法綜合吸收在太極拳套路之中，並創造了雙人推手方法（推手原來稱作擖手或打手），使能在不用護具設備的情況下練習各種技擊方法，成為訓練周身皮膚觸覺和內體感覺靈敏的一種競技運動。於是，人們除分部練習徒手技擊方法（踢、打、跌、摔、拿五種方法）以外，到明末清初又出現了一種新的內容——「推手法」。

太極拳結合了導引術、吐納術以後，在練拳時不但能進行肌肉和骨節的活動，而且也能使動作與呼吸協調，從而增強了內臟鍛鍊。因此，儘管逐步加大運動量以至爆發力量，也能夠在練拳時汗流而不氣喘，拳套熟練後能夠「神色不變」，「面不改色氣不喘」。

太極拳採取我國古典唯物哲學的陰陽學說，要求「靜中觸動動猶靜」，「柔之與剛，相摩相盪」，以開合虛實，輕沈遲速兼備互練為極致。

太極拳的動作呈弧形，螺旋式地伸縮轉折，終始用意識引導氣血循環周身；內勁發源於丹田，以脊柱為軸心，轉換於腰隙兩腎，透過旋腰轉脊，上行則為旋腕轉膀，下行則為旋踝轉腿，纏繞運轉達於「四梢」（兩手和兩足尖端）；內臟作輕微的自我按摩運動，則是採取了具有「溝通表裡、運行氣血」功能的中醫基礎理論「經絡學說」。

練太極拳時，意識、動作、呼吸三者同時協調地進行，鍛鍊方法上的整體性和內外統一性，成為太極拳運動的特點。

我們說太極拳是民族寶貴的文化遺產之一，就是針對它是綜合了、融會貫通了我國源遠流長的拳術、養生法、呼吸法、經絡學說、古典唯物哲學等優秀成果而說的。

探溯太極拳的起源，不能不從整理明代民間武術的戚繼光（一五二八—一五八七年）說起。

我國武術歷史悠久，由於地大人多，發展到明代，拳種已經很多，各有所長，也各有所偏。名將戚繼光為了訓練士卒活動身手，從民間著名的十六家拳法中，吸取三十二個姿勢編成拳套，稱作《拳經》三十二勢，作為士兵練習刀槍劍棍等兵器的「武藝之源」。他所吸取的拳種遠及宋太祖（趙匡胤，九二七—九七六年）的三十二勢長拳。長拳短打，用剛用柔，兼收並蓄，去蕪存精。技擊方法包括有踢法、打法、拿法、跌法、其拳法「勢勢相承，遇敵制勝，變化無窮」，大力矯正了當時流行的「滿片花草」，供人觀賞的華而不實的花法套路的弊害，成為一種從群眾中來的切合時代需要的新的武術學派。

就現有武術史料來看，戚繼光是研究和整理民間武術的傑出人物，其目的是為當時的政治服務，訓練士卒掌握「臨陣實用」的武藝，成為勁旅，南平倭寇，北固邊塞，保衛國家。他的武術為軍事服務，軍事又為政治服務的主張，和當時另外兩位抗倭名將俞大猷（？—一五八〇年）和唐順之（一五〇七—一五六〇年）的抱負相同。戚繼光不僅虛心學習「臨陣實用」的武藝，整理了各家拳法，而且向俞大猷學過棍法，向唐順之學過槍法。他這種銳意進取，不拘泥於古人成法和大膽革新的精神，對後世繼承、研究和整理武術套路起了很大作用。

根據大量史料的分析研究，後於戚繼光半世紀多，研究整理當時各家拳法，創造太極拳新學派的是明末的陳王廷。陳王廷出身於河南省溫縣陳家溝的一個小官僚家庭。據《陳氏家譜》記載：陳王廷，又名奏庭，陳家溝陳氏九世；祖父思貴，陝西省狹道縣典史，碑立於康熙二年；父撫民，徵士郎；碑立於康熙四年；兄于階，庠生，亦名奏丹，有碑；《明實錄》記載：陳于階任湖廣道御史，萬曆元年升任山東副使。弟王前、易鼎。王前亦名奏君，庠生，有碑。

陳王廷的武術，《陳氏家譜》僅記載：「在山東稱名手，……陳氏拳手刀槍創始之人也。」

甲申年（一六四四年）明皇朝覆亡的前後，陳王廷已年老隱居，造拳自娛，教授弟子兒孫。他的遺詞上半首有：「嘆當年，披堅執銳，……幾次顛險！蒙恩賜，枉徒然！到而今，年老殘喘，只落得，《黃庭》一卷隨身伴。悶來時造拳，忙來時耕田，趁餘閒，教下些弟子兒孫，成龍成虎任方便。……」據《陳氏拳械譜》，陳王廷所造拳套，有太極拳（一名十三勢）五路、長拳一百八勢一路（勢名沒有重複）、炮捶一路。單是戚繼光《拳經》三十二勢，就被吸取了二十九勢。

陳王廷是戚繼光以後整理民間武術的傑出人物，他接觸的武師較多，有利於匯合眾長，加以繼承和創新。

戚繼光於南方抗倭功成後，調防北邊，於明穆宗隆慶二年（一五六八年）「總理薊、昌、遼、保練兵事務，節制四鎮，與總督同」（見戚祚國《戚少保年譜》）。到了一五八三年才調鎮廣東。《明史》說：「繼光在鎮十六年，邊備修飭，薊門宴然，繼之者踵其成法，數十年得無事」。

陳王廷在整理武術套路上，顯然受戚氏的影響很大。戚氏《拳經》三十二勢，綜合古今十六家拳法，取精棄粗，以三十二個姿勢編成拳套，作為士兵活動身手的「武藝之源」。陳王廷從中吸取了有二十九勢之多，編入太極拳套路。（註一）《拳經》三十二勢以「懶扎衣」（註二）為起勢，陳王廷所造拳套七路，也都以「懶扎衣」為起勢，所製拳譜（即拳式名稱）和《拳經總歌》，也擷取戚式《拳經》文辭。因此可以說太極拳的編造，是以《拳經》三十二勢爲基礎的。至於從其它拳種吸收了哪些，雖然無法查考，但從七套拳的勢名之多，可以推想所採的拳種是相當多的。雙人推手和雙人黏槍的方法，在俞大猷、戚繼光、唐順之、程沖斗、何良臣、茅元儀等武術著作中，都未有記載；在現存的各拳種中也沒有這種訓練方法。這是陳王廷獨創性的競技方法，解決了不用護具也可以練習徒手搏擊技巧和提高刺槍技術的問題，這也是我國武術史上一項創造性的成就。

陳王廷《拳經總歌》的開頭兩句話：「縱放屈伸人莫知，諸靠纏繞我皆依」（「諸靠」指的是兩人以手臂互靠，運用「掤擴擠按採挒肘靠」八種方法和勁別，以黏隨不脫，引進落空為技術訓練的基本原則），概括地說明了「推手」的特點和方法，到十八世紀末葉，山西人王宗岳（據王宗岳《陰符槍譜》佚名氏序，王宗岳一七九一年在洛陽，一七九五年在開封，職業是教書），以及十九世紀中末期河北永年人武禹襄（一八一二－一八八〇年），李亦畬（一八三二－一八九二年），據以發揮太極拳理論和練法，各自寫下了總結性的太極拳論文。陳家溝陳氏十六世的陳鑫（一八四九－一九二九年），闡發歷代積累的練拳經驗，用十三年的時間，寫成《陳氏太極拳圖說》，逐勢詳其理法，以易理說拳理，結合經絡學說；其拳法以剛柔相濟，快慢相間，蓄發互變為原則，貫穿於纏絲勁核心作用，而以內勁為統馭。這些古典太極拳論文，都已成為練習太極拳和練習推手的指導性理論。

綜觀陳王廷留傳下來的武術資料，他在研究整理過程中，有如下一些創造性的成就。

㈠、把武術和「導引」、「吐納」相結合

我國源遠流長的養生法——俯仰屈伸以運動肢體的「導引術」和主張作腹式深呼吸運動的「吐納術」，在公元前四世紀見於老子、莊子、孟子和屈原諸人的著作中。漢代淮南子劉安所編的「六禽戲」和漢末偉大的醫學家華佗據以改編的「五禽戲」，都是以呼吸運動結合仿傚禽獸的動搖、屈伸、顧盼、跳躍等等動作的健身方法，也就是後來的氣功內行功的方式方法。

太極拳把武術中手、眼、身、步法的協調動作同「導引」、「吐納」結合，這就使太極拳成為整體的、內外統一的內功拳運動。在鍛鍊時，要求意識、呼吸和動作三者密切結合，達到「內外合一」的目的。這的確是很有價值的創造。

㈡、螺旋式的纏繞運動，動作呈弧形，連貫而圓活，極符合經絡學說的原則

經絡是指佈滿人體的氣血通路。有「溝通表裡，運行氣血」的功能。太極拳動作要求採用螺旋式的伸縮旋轉，主張「以意導氣，以氣運身」，並要求以腰脊為軸心，微微轉動來帶動四肢進行有節奏的運動；要求全身鬆靜，暢通氣血，達於手足尖端，等等。這些也正是以經絡學說為基礎的。

㈢、創造了雙人推手的競技運動

推手（陳家溝舊稱「擖手」或「打手」），是我國武術中一種綜合性的實習技擊方法。自古以來，就有踢打摔拿跌五種分部練習法。摔法只講摔，不講打，幾千年來就一直獨立發展。其它四種雖也綜合鍛鍊，但仍各具特色。唐代有南拳北腿之稱，就說明這種分歧。與戚繼光同時代的當時名手，如山東「李半天」之腿、「鷹爪王」之拿、「千跌張」之跌、張伯敬之打等，也都各具一技之長。同時，由於踢打拿跌四法，在實踐時具有較大的傷害性，因此，歷來大都只作假想性或象徵性的練習，這就為花假手法打開了方便之門。而前人苦心積累的點滴經驗，也由於實踐不足，很難提高技擊水準，而江湖游食之徒，為自身名利計，往往秘而不傳；這就是我國古代一些拳種在數傳之後「失其真意」，或竟無人傳習的原因之一。

太極拳的推手方法，以纏繞黏隨為中心內容，練習皮膚觸覺和內體感覺的靈敏性，綜合了擒、拿、跌、擲打等競技技巧，而又有所發展。譬如拿法，它不限於專拿人的骨節，而是著重於拿人的勁路，這就比一般拿法的技巧高。陳氏這種推手方法，在當時技擊性是很強烈的，和摔跤一樣，鬥爭性很強，因此，對發展體力、耐力、速度、靈敏和技巧都具有相當大的價值。同時由於踢法的傷害性較大，在推手中只採用了跌法中的管腳法。

推手方法的出現，解決了實習技擊時的場地、護具和特製服裝等問題，成為隨時隨地兩人可以搭手練習的競技運動，並在我國武術的技擊方法（踢、打、摔、拿、跌）中注入了一個新的內容——推。

(四)、創造了黏隨不脫、蓄發相變的刺槍術基本練法

根據推手時練習皮膚觸覺和內體感覺靈敏性的「聽勁」方法，繼而創造了雙人黏槍法。這也是太極拳獨創性的成就之一。這種器械的對練法，解決了不用護具也可以練習實刺的問題。練習太極黏槍時，纏繞進退，疾若風雲，封逼擲放，往復循環，為刺槍術開闢了一條簡便易行、提高技術的途徑。

㈤、發展了以太極含義為依據的拳法理論

陳王廷的《拳經總歌》七言二十二句，是太極拳的原始理論，是總結古代技擊術（踢、打、拿、跌）的一篇拳論，它闡述了攻擊與防禦的戰略和戰術，所以稱得上太極拳七個拳套的概括性拳論。把《拳經總歌》和戚繼光的「拳經三十二勢」圖訣加以對照（如《拳經總歌》中說「閃驚巧取有誰知，佯輸詐走誰云敗」、「橫直劈砍奇更奇」、「上籠下提君須記，進攻退閃莫遲遲」，而「拳經三十二勢」中則說「怎當我閃驚取巧」、「上驚下取一跌」、「倒騎龍佯輸詐走」、「一條鞭橫直披砍」、「挨步逼上下提籠」、「進攻退閃弱生強」），這樣就不難看出陳王廷在拳論方面怎樣吸取了前輩所歸納總結的精華。但是，陳王廷並不滿足於吸取當時名家的拳法理論，而是在融會貫通的基礎上，作了一系列創造性的發揮。

陳王廷在拳法理論上的獨創性成就，表現在《拳經總歌》的開頭兩句：「縱放屈伸人莫知，諸靠纏繞我皆依」。「諸靠」指的是推手八法，是兩人手臂互靠，用推手八法黏貼纏繞，以練習懂勁和放勁的技巧，透過嚴格的和正確的鍛鍊，反覆練習，不斷提高技術水準，達到「人不知我，我獨知人」的推手高級技術水準。陳氏

舊傳的四句《打手歌》：「掤攌擠按須認真，上下相隨人難進；任他巨力人來打，牽動四兩撥千斤」，這正好是《拳經總歌》開頭兩句的註解。這種推手方法和懂勁的理論，是在繼承傳統武術的基礎上發展出來的。從外形的技擊術提高到「勁由內換」、「內氣潛轉」和「由著熟而漸悟懂勁，由懂勁而階及神明」的高級技巧，在我國武術史上具有劃時代的意義。同時，它還為後來王宗岳、武禹襄、李亦畬、陳鑫等太極拳名家奠定了鍛鍊方法和進一步發揮技擊理論的基礎。

由於太極拳以全身放鬆、用意不用力為入手的鍛鍊原則，要由鬆入柔，運柔成剛，剛復歸柔，達到剛柔相濟；拳套的練法要求先慢後快，快後變慢，有柔有剛，慢要慢到別人跟不上我，快要快到後發先至。也就是說，練太極拳要求達到能慢能快，能柔能剛。這種既重外形，更重內蓄的觀點，還為提升武術技術水準提供了極有價值的新的鍛鍊方法。

今天，太極拳已成為我國盛行的一種拳術，為增進人民健康有著一定的貢獻，並逐步引起國際體育界和醫學界的重視。推本溯源，陳王廷對發展和創造太極拳是有一定功績的。

但是，由於太極拳的前期是在封建社會中生長和發展起來的，所以不可避免地會蒙上一層封建的塵垢。在封建社會中，對一些來自民間並受到群眾歡迎的東西，統治階級透過它自己的士大夫和御用文人，把這些東西塗上一層幽玄的神秘色彩，假托「仙」、「佛」、「聖賢」等所創造，使它神化起來，以達到麻醉人民意志和鞏固封建統治的目的。因此，在歷史上對太極拳的創始人，也就產生了各種牽強附會的臆說，議論紛紛，莫衷一是。如有人說太極拳創始於元末明初的張三豐（註三），有人說創始於唐代的許宣平（註四），更有人認為陳氏太極拳係得自蔣發，而蔣發又得王宗岳（註五），又說太極拳即內家拳（註六）等等。但是，經過一系列的歷史考證和對材料的實地核對，初步證實太極拳創始於陳王廷。

附註：

〔註一〕：陳王廷所造拳套，除了吸收戚氏《拳經》外，由其它拳種吸收了哪些已不可考，但從七套拳路的勢名之多，可見吸收的拳種是相當多的。根據《陳氏拳械譜》，拳法方面還有「散手」和「短打」的勢名很多（包括攻擊方法和破解方法），也有擒拿法的「金剛十八拿法」勢名。可見當時太極拳的技擊方法是很全面的。值得注意的是傳習於少林寺的「紅拳」也見於《陳氏拳械譜》，拳譜上說：「要知此拳出何處？名為太祖下南唐」。另有「盤羅棒訣語」則說：「古剎登山少林寺，堂上又有五百僧……要知此棒出何處？盤羅留傳在邵陵」（邵陵是少林的音轉）。少林寺拳棒在隋唐間即已著名，在明代抗倭戰爭中，少林寺僧很多獻身於衛國戰爭。溫縣黃河之北，登封縣嵩山少林寺在黃河之南，僅一河之隔。這是太極拳與少林拳可能有淵源的理由之一。另據陳王廷好友武舉李際遇以地主武裝結寨於嵩山少林寺之前的禦砦、反抗明室的逼糧納稅，陳王廷隻身入寨，勸說李際遇勿叛明室的史料來看，陳王廷可能也到過少林寺。這是太極拳與少林拳可能有淵源的理由之二。明清之際的少林拳法著作，今所存者有上海蟫隱盧影印本《拳經拳法備要》一書，上海國技學社於一九二七年間石印的稱為《玄機秘授穴道拳訣》，唐豪也收有舊抄本，余借抄錄副。三本合觀，雖互有詳略，實同出一本。其中理法及身手步法，與陳氏太極拳練法精要處頗為吻合。這是太極拳與少林拳可能有淵源的理由之三。此外，戚繼光所採取的古今十六家拳法，與陳王廷相距僅半個世紀，民間一定還有傳習，陳王廷也有可能採及這些拳種。這些都是合理的推測，姑作為附註供參考。

〔註二〕：圓領而腰帶的衣服，自殷代一直沿用到明代。明人長服束腰，演拳時須將長服捲起塞於腰帶中，以便動步踢腿。戚氏《拳經》起勢「懶扎衣」，左手撩衣塞於背部腰帶，右拳橫舉向後，目視左前方。稱作「懶扎衣」者，表示臨敵時隨意撩衣應戰，乃武藝高強，臨敵不慌不忙之意。戚氏「懶扎衣」歌訣所謂「臨敵若無膽向先，空自眼明手便」是也。楊祿禪（也作露禪）學拳於陳氏，以不通文墨，默記其拳譜，音轉為「攬雀尾」，於是後人傳說中有以手掌攬雀，雀不能飛的理想化的技術。關於太極拳的神話奇談，都可作如是觀。

〔註三〕：張三豐是元末明初道教首領，曾在湖北太和山（即武當山）結廬修行。根據《明史》和歷經纂修的《太和山誌》，都隻字未提張三豐會拳術；即使是一七二三年住在四川的圓通道人汪錫齡編的《三豐全書》稿本以及到一八四四年被長乙山人李涵虛重編出版的《三豐全書》裡面，他們雖然都鬼話連篇地宣稱見過十四世紀的張三豐，但也未曾捏造張三豐會拳術或創造太極拳。太極拳創始於張三豐的謊言，出現於十九世紀末到二十世紀初這個事實至此已可證實。因此，說太極拳的創始人為張三豐，是不真實的。

〔註四〕：有人認為太極拳創始於唐代許宣平，並以《八字歌》、《心會論》、《周身大用論》、《十六關要論》和《功用歌》等列為許宣平的論著。單從這幾篇文章的風格來判斷，就可肯定它們絕非唐代文辭。再參閱宋代計有功的《唐詩紀事本末》的許宣平事跡，僅記載許宣平「辟穀不食，行如奔馬，唐時每負薪賣於市中。

李白訪之不遇，為題詩於望仙橋」。因此這種假托，也應該是清末封建文人所弄的玄虛。

〔註五〕：此說源自李亦畬（一八三二—一八九二年）的《太極拳小序》：「太極拳不知始自何人，其精微巧妙，王宗岳論詳且盡矣。後傳至河南陳家溝陳姓，神而明者，代不數人。」今考王宗岳的生平（見王宗岳《陰符槍譜》佚名氏序），一七九一年他在洛陽，一七九五年又在開封，以教書為業。此一時期，適為陳長興（一七七一—一八五三年）上一代陳家溝太極拳家鼎盛時期。溫縣與洛陽、開封，僅隔一黃河，因之適足推定王宗岳之太極拳乃得於陳氏。蔣發為陳王廷好友武舉李際遇的部將，際遇舉兵反抗明皇朝逼糧納稅於登封縣嵩山少林寺後面的禦砦（見景日昣的《說嵩》、《劉禋傳》和溫睿臨的《南疆逸史》卷二列傳九《陳潛夫傳》）。後降清，被藉故族誅，蔣發投奔陳王廷處為僕。陳氏家祠尚藏有陳王廷遺像，旁立一人持大刀者即為蔣發。蔣發前於王宗岳約百年，所謂王宗岳傳蔣發之說，顯為訛言。

〔註六〕：清初黃百家著有《內家拳法》，書中所述內家拳的拳勢名稱和練法，跟太極拳截然不同。因此，從內家拳法和太極拳譜的對比中，就可得出確定不移的答案，推翻太極拳即內家拳的說法。

二、近百年來太極拳的演變

明末清初創造的太極拳，由於時代需要不同，當初是偏重於技擊性的。拳套中有騰空一字腿落地和雙手落地，雙足先後向上蹬踢等高難度動作，有撲腿下腰以面部掠地面，經前足尖而起的腰腿極為柔軟的動作等。由於太極拳結合了導引、吐納和經絡學說，採取了螺旋纏絲式的弧形運動，就更擴大了運動效果，加大了爆發力量。這種結合，目的雖為技擊，但它本身就包含著療病保健的因素。

一切事物總是隨著時間、地點和條件的不同而變化著的。隨著時代的進展，陳王廷所創造的拳套，既有繼承典型的一面，也有創造發展的一面。

百年前，由於火器的演進，拳技之勇在戰場上的作用逐漸縮小，促使武術家們重新考慮練習武術的目的和發展方向的問題。因此，太極拳家開始提出了：「詳推用意終何在？益壽延年不老春」的口號。顯而易見，這是太極拳開始從技擊轉向保健的啟蒙思想。

運動量較大，難度較高的武術套路，對於老年人來說，即使是鍛鍊有素的武術家，到達老年期也是不能適應的。這是太極拳套路動作上必然要引起變化的另一發展規律。

陳王廷創造的七套拳套，經五傳至陳長興（一七七一－一八五三年）、陳有本這一代，原來一百零八勢的長拳和太極拳（一名十三勢）第二路至第五路，在陳家溝已很少有人練習，陳氏拳家已經由博返約，專精於太極拳第一路和炮捶（現稱陳式太極拳第二路）；並且從這一時期起，為了適應不同的學習對象，陳氏太極拳第一路又有老架、新架之分，隨後新架又出現了趙堡架。

為了適應保健的需要，陳家溝拳家陳有本首先創造了新架，架式和老架一樣寬大，逐漸揚棄了原有的某些高難度的動作。有本的學生、族侄青萍，也創造了一套架式，小巧緊湊，動作緩慢，練會後逐步加圈，以致極為複雜；在不改變套路的原則下，由簡入繁，逐步提高技巧。因為青萍贅婿於距陳家溝不遠的趙堡鎮，在趙堡鎮教拳，因此人們稱作趙堡架。

與陳有本同時的陳家溝拳師陳長興，練的拳屬於陳王廷舊傳的架式寬大的老架系統，直到他的學生楊祿禪（一七九九－一八七二年）到北京傳習時，為了適應保健需要，又逐漸改編了拳套動作。經祿禪第三子健侯（一八三九—一九一七年）修改為中架子，又經健侯第三子澄甫（一八八三—一九三六年）一再修訂定型為大架子，成為著名的目前流行最廣的楊式太極拳，楊祿禪和次子班侯（一八三七—一八九二年）復教了滿族人全佑一套小架子，後由全佑子吳鑒泉（一八七〇—一九四二年）傳授，即目前流行的吳式太極拳，流行之廣僅次於楊式。吳式小巧緊湊，速度均勻，不縱不跳，與楊式同一趨向。

永年人武禹襄（一八一二—一八八〇年），從楊祿禪學陳氏老架，又從陳青萍學習新創套路，從而創造了武式。武氏架式緊湊，強調開合虛實。武傳李亦畬（一八三二—一八九二年），李傳郝為真（一八四九—一九二〇年），郝傳孫祿堂（一八六一—一九三二年）。孫為形意拳、八卦拳名家，參合三派之長，另創造了架高步活的太極拳，姿勢參取楊式，理論兼採形意，現稱孫式太極拳（也有人稱作「開合太極拳」）。

至於陳氏老架太極拳的傳習，自從陳長興的曾孫陳發科（一八八七—一九五七年）於一九二八年去北京傳習後，為那些已練過各式太極拳有年者及年輕力壯者所愛好。近年來也逐漸推行到全國各大城市。

各式新創的太極拳，各具特點和風格，架式雖然有繁簡大小的不同，但其鍛鍊原則均主張由鬆入柔，運柔成剛，要求達到剛柔相濟。這些新創的太極拳都是經過前輩勤學苦練，下過一番推陳出新的功夫，幾經修改而最後定型的。因此只要能遵循因人而異和循序漸進的原則，它們都能分別適應於療病保健、增強體質和練習技擊等不同的要求。太極拳的一個非常突出的特點，就是它具有這種廣泛的適應性。

陳氏新架、趙堡架、楊架、武架、吳架和孫架等，都是根據陳氏老架太極拳第一路改編而成的，所以，架式雖有不同，可是套路的結構程序，仍然按照第一路老架，它的演變痕跡是很顯著的。

各種新創架式跟老架主要不同之點是：陳式老架第一路間或有竄蹦跳躍、發勁和震足等動作，這對年老體弱者較難適應，而新創架式都逐漸揚棄了這些動作，以便既能適合年輕力壯者練，又能適合療病保健者練。陳式老架第一路也經陳發科於晚年作了些修改，使之更利於普及。

各式太極拳發展到目前，儘管它們在架式上和風格上各具特色，但是，鍛鍊的原則和要領基本上是一致的。只是陳式第二套套路，尚保留較多的發勁動作，特別強調竄蹦跳躍和騰挪閃戰，速度較快，所以，與其它各式顯有不同。

太極拳套路和雙人推手方法，歷來就是相輔而行的。隨著拳套的發展趨向，推手方法在內容上也有了變化。

原來陳王廷創造的推手方法，是綜合了擒法、拿法、跌法和擲打（放勁）法的競技運動，跟摔跤一樣，最能發展體力，技擊性很強。推手時，在上部雙方兩臂互相黏貼纏繞而推，在下部前足也在黏化，並且在引進消化的時候，後腿屈膝下蹲，前腿足尖翹起，腿肚著地，彼此一進一退，隨勢起落，腰腿必須柔活有力，運動量極大，非一般人所能鍛鍊；並且由於擒法、拿法、跌法、擲打法的兼施並用，容易使人感到創痛，因此，在普及推行上就受到一定的限制。

新創各種架式的推手方法，都逐漸改為不跌、不管住腳和不下蹲及地的推法；在擒拿法方面，僅主張拿住對方勁路，而不許採用按脈截脈的擒法和反筋背骨的拿法。新的推手方法，著重發展了練習皮膚觸覺和內體感覺靈敏的沾連黏隨，並乘勢借力而放勁的一面，使人練習時感到興趣盎然，同時並可在避免傷痛的條件下各分勝負，因此，為很多人喜愛。一般體弱者也愛好這種推手方法，表現為勝者色喜，負者欣然。真是一種交誼性的體育遊戲運動。

如果規定不許壓迫對方，不許牽動對方重心，那麼，這種推手方法，應用到醫療、體操上，必可吸引患者的興趣而提高其療效。

至於技擊性強烈的推手，以力量、耐力為基礎始能發展技巧，推手時消耗體力較大，僅適宜於年輕力壯者，如果規定比賽方法，可以作為競技運動項目來推行。因此，太極拳的推手方法發展到目前，可以分別應用於醫療體育遊戲和運動競賽三方面。由於推手方法的適應性廣泛，練習時又不需要護具、場地設備和特製服裝，兩人隨時隨地皆可搭手練習，因此非常便於發展。

太極拳學派的器械，傳習到現在的僅有短兵的刀、劍和長柄的槍。這些練法在各家套路中也有繁簡的不同，其中不少是吸收其它拳種的器械套路，再用太極拳柔和圓轉的特點加以改編而創造的。

雙人對練的黏槍，是太極拳種的創造，對練時僅需蠟杆兩根就可進行。但目前練習者較少，技術上纏繞黏隨、封逼、捽、抖、擲放等技巧較易失傳，有待於培養接班人。

如上所述，在百年前，太極拳的發展著重在技擊方面，而近百年來則向醫療、體育遊戲和競賽三方面平行發展。特別在陳氏十四世陳長興這一時期，是太極拳發展的轉折點。自外傳至永年、北京後，傳佈日益廣泛。這在太極拳的發展上說，應該說是一件大事。在這以前，太極拳久處於河南溫縣一隅之地，一姓之眾。由於外傳楊、武，楊傳授其拳於北京，武用文字宣傳於外省，遂使太極拳之名由點到面，形成彌漫到全國的普及基礎，這是楊、武兩人對於太極拳普及的重大貢獻，特別在醫療保健方面為人民健康有重要貢獻，這是當前開展太極拳運動的主流。

隨著目的任務的改變，太極拳學派有繼承，又有創造，派中衍派，流上分流，豐富了太極拳的內容，成為不分男女老幼都可以練習的一項體育活動。

中華人民共和國成立後，黨和政府重視民族武術遺產的研究、整理和推廣，把太極拳作為重點武術項目來推行，並廣泛用於醫療體育方面。由於療效顯著，引起了國內外的重視，出版了多種介紹太極拳流派的圖書。在國際文化交流中太極拳的作用正在擴大。一九五六年八月一日，國家體委編印的《簡化太極拳》，是根據楊式拳架編成的。從原來三十四個不同姿勢中採取了二十個姿勢，刪去了繁難的和重複的動作，從原來八十一個動作中簡化為四組二十四個動作。原來楊氏太極拳，（以楊澄甫為標準）練完一套約需時八分鐘左右，後來逐漸延長到十五至二十分鐘。而簡化太極拳只需五至八分鐘就可以練完。編排次序上是由簡入繁，循序漸進，使學習者易學、易練、易記。除了印行《簡化太極拳》的小冊子和掛圖供人們按圖自學外，還攝成講解示範的電影，這樣就為太極拳的普遍發展創造了條件。

在太極拳為人民健康上繼續作出貢獻的同時，太極拳各流派都有相應發展的必要，這樣才能適應不同對象的不同要求。遵循黨的「百花齊放、百家爭鳴」和「推陳出新」的方針，各流派的相應發展，可以起到相互促進、相互吸收、取長補短的作用，有助於提升技術，提升理論研究和提升教學方法，從而更好地推動普及和指導普及，進一步為人民的健康及國際文化交流中有所貢獻。

各式太極拳都是前人積累起來的經驗結晶，因此，繼承和學習這些經驗，吸取其精華，正是提升太極拳鍛鍊效果的重要一環，也可為今後的發展創造提供極為豐富的養料。因之，繼承和整理各式太極拳，充分挖掘其精華和具體的鍛鍊方法，以現代科學理論來加以闡發，也就成為開展太極拳運動中的一項重要任務。

本章參考書目

1.《明史》卷二九九張三豐傳

2.景日昣：《說嵩》

3.《太和山誌》

4.曹秉仁：《寧波府誌》（一七三五年編）

5.《永年縣誌》（一八七七年修）
6.王其華：《溫縣誌》
7.戚繼光：《紀效新書》
8.俞大猷：《正氣堂文集》
9.唐順之：《荊川文集》
10.黃宗羲：《王征南墓誌銘》
11.黃百家：《內家拳法》
12.溫睿臨：《南疆逸史》
13.宋，計有功：《唐詩紀事本末》
14.《陳氏家譜》（唐豪藏書，現歸國家體委）
15.陳鑫：《陳氏家乘》（稿本，唐豪藏書，現歸國家體委）
16.董榕輯：《周子全書》
17.汪錫齡編：《三豐全書》
18.郝和藏本：《李亦畬手抄本太極拳譜》
19.馬同文抄本：《李亦畬太極拳譜》（唐豪藏書）

20.唐豪考釋：《李廉讓堂本太極拳譜》（稿本）
21.徐震：《太極拳考信錄》
22.徐震：《太極拳譜理董辨偽錄》
23.唐豪：《王宗岳太極拳經，陰符槍譜》
24.唐豪：《戚繼光拳經》
25.唐豪：《少林武當考》
26.唐豪：《內家拳》
27.唐豪：《中國武藝圖籍考》
28.唐豪：《中國民族體育圖籍考》
29.許禹生：《太極拳勢圖解》
30.陳鑫：《陳氏太極拳圖說》
31.陳績甫：《陳氏太極拳滙宗》
32.陳子明：《陳氏世傳太極拳術》
33.國家體委武術科編：《武術運動論文集》
34.宋書銘：《太極拳譜》（沈家楨抄藏）
35.楊澄甫傳抄《王宗岳太極拳譜》（沈家楨抄藏）

附表一：陳家溝陳氏拳家世系簡表

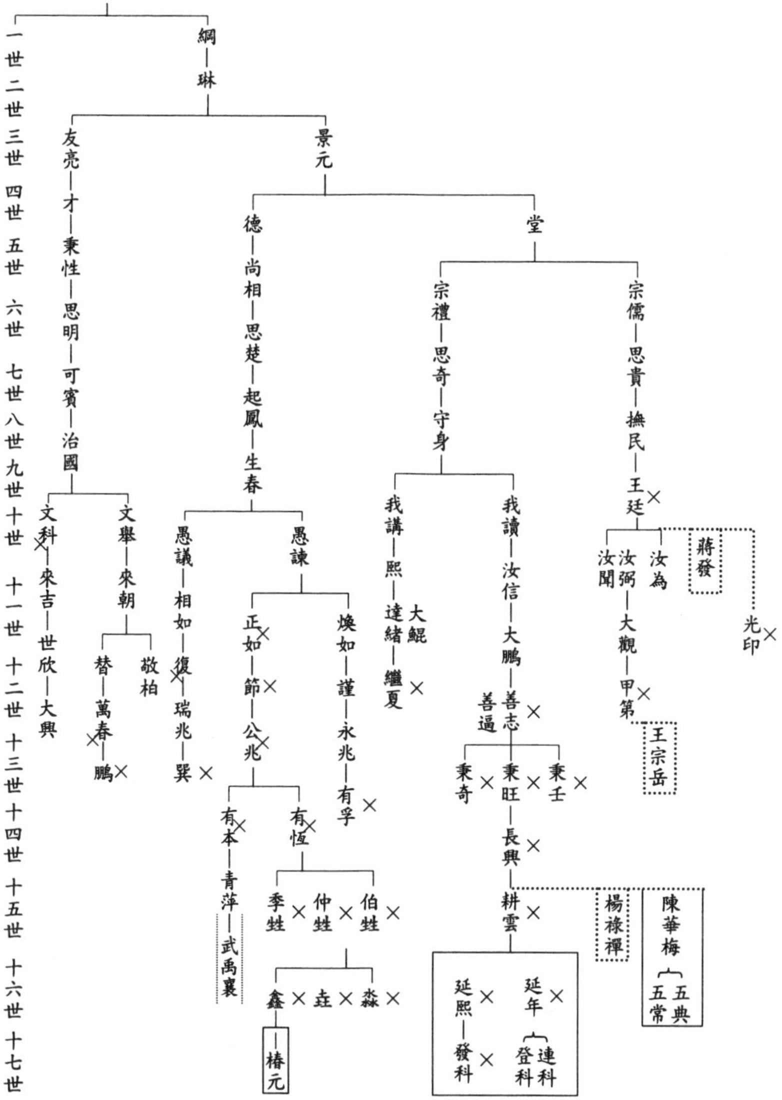

說　明

一、本表自一世祖陳卜起，至十七世陳發科止，根據陳淼（字槐三）家藏本《陳氏家譜》編列。原譜係亡友唐豪（一八九七－一九五九年）於一九三二年一月約同陳子明去陳家溝調查太極拳歷史時連同陳鑫《陳氏家乘》稿本攜歸上海，今藏國家體委。

二、本表稱「陳家溝陳氏拳家世系簡表」者以陳氏後裔浩繁，自陳王廷創造太極拳後，族人累代習其拳，無分男女，譜中凡拳技著名者，始傍註拳手、拳師、拳手可師、拳最好等字樣，表中註以×符號。本表旨在查考陳氏太極拳傳人，故以陳氏拳家為主，借以考明太極拳發展史。

三、原譜騎縫註十六頁「十一世提起」以前有：「至此，以上乾隆十九年（一七五四年）譜序，以下道光二年（一八二二年）接修」字樣。封面題：「同治十年（一八七三年）癸酉新正穎川氏宗派」。

四、表內人名有方框者，家譜未載，根據調查確實而列入。楊祿禪、武禹襄為直接從陳氏拳式創造流派的代表人物，故列於表內，以明源流，並以虛線方框區別之。

五、楊祿禪之主人陳德瑚，官翰林院待詔，係陳氏十五世，子備三，孫承五，以非拳家，俱未列表內。

六、陳復元為十七世，學拳於老架陳耕雲，新架陳仲甡。陳復元子陳子明，幼承家學，復從陳鑫學拳，著《陳氏世傳太極拳術》。陳照丕為十八世，延年之孫，學拳從祖延熙、鑫及族叔發科，著有《陳氏太極拳匯宗》，採入陳鑫著作。復元、子明、照丕、未載家譜。

七、家譜陳仲甡有三子：淼、垚、鑫。《陳氏世傳太極拳術》以陳淼為陳季甡長子。今查《中州文獻輯誌•義行傳•陳仲甡傳》，陳仲甡以陳淼為猶子。是也。陳仲甡太極拳最精，能舞鐵槍重三十斤。

八、陳椿元為陳淼之子，陳鑫老而無嗣，以椿元為嗣子。

九、為製此表，向國家體委借抄《陳氏家譜》及陳鑫《陳氏家乘》稿本，本表編排，費時數日，稿凡三易，聊供考證之資。

附表二：傳統太極拳主要傳遞系統表

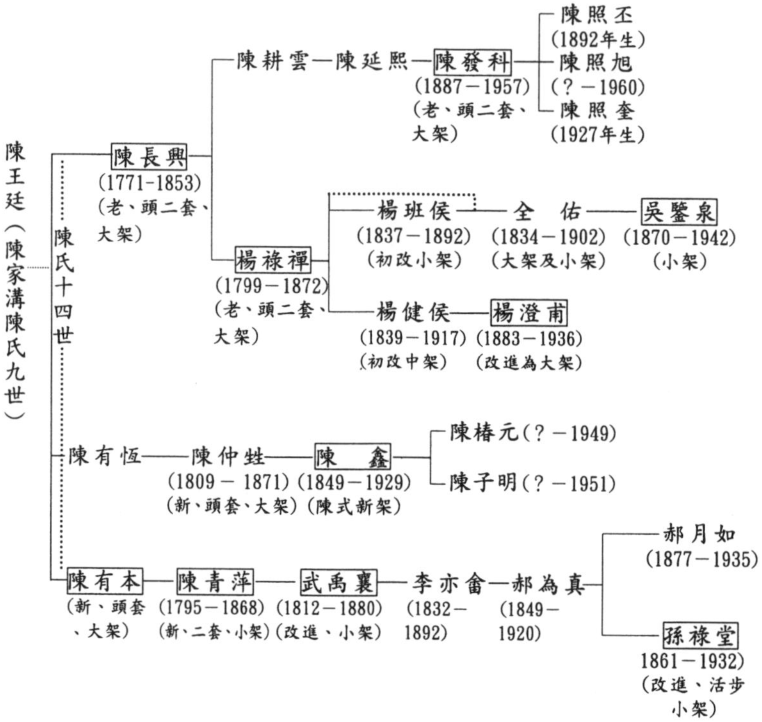

附註：①大、中、小三種架式是相對的說法。

②有方框□符號者，為各派系主要代表。

③各派系傳人頗多，本表不備載。

④武禹襄初從楊祿禪學老架，後從陳青萍學新架。

⑤許禹生為楊健侯的學生，所著《太極拳勢圖解》，拳式猶存楊氏大架之舊，可供與澄甫定型之大架作比較研究，故為列入，以備一格。尚有王矯宇學於班侯者為大架，所傳仍有跳躍、發勁動作，附誌於此，以備一格。

⑥常遠亭(1860—1918)學於全佑之小架，動作有起伏，有隱於內之發勁，有跳躍。子常雲階(？—1971年)。

第二章

太極拳對身體各部姿勢的要求

運動離不開肌肉、骨骼和關節的活動，動作的協調是由中樞神經系統來統一指揮的。太極拳還包含了「以心行氣」、「以氣運身」的暢通經絡鍛鍊方法，由源動腰脊，纏繞圓轉的螺旋勁運動，達於四梢，全身內外各部位的協調動作極為細緻，成為內外統一性、整體性的運動方法，因此其鍛鍊內容更為豐富而有趣。

太極拳對身體各部姿勢的要求，是歷代太極拳家根據實踐經驗和集中群眾的智慧，而積累起來的一些外形合內動的要求。這一部分是作者根據本身長期鍛鍊的經驗和體會，並參考眾說，加以歸納而寫成的。應該指出，太極拳由於當初偏重於技擊，所以要求也多從技擊性上著想，也極合乎人體生理規律，因此，增強體質和療病保健作用也很高，值得我們認真地、細心地學習和鑽研。

太極拳雖然有「不在形式，在氣勢，不在外面，在內中」和「重意不重形」的說法，但這是指功夫較深，動作定型鞏固了，不再需要分心在姿勢和動作上面，而只須從「始而意動，既而勁動」的內動來帶動外形，以致內外相合後，僅從神氣上專一鍛鍊而說的。對初學者來說，還是應該先重形後重意，必須力求姿勢正確，並在連貫複雜的動作中處處保持正確的姿勢，先求「形似」，然後向「神似」方面下功夫，切不可躐等以求。正像練毛筆字一樣，應該先從正楷上下功夫，橫豎撇捺，筆筆不苟，長短闊狹，間架端莊，方可避免歪斜倒塌之病。外形端正了，然後講究運筆的逆入平出，收筆藏鋒，凝散收斂，立骨出神，使內有雄勁之氣，外有端麗之姿；然後再學行書和草書，用功日久，方能隨意揮灑，自成法度。

練拳裏面，都有一定規矩，初學注意規矩，看似進度不快，實際上動作練得正確，基礎築得堅固，有利於逐步提升。正如上述，姿勢經過不斷的檢查和糾正，在整體動作中形成了動力定型，並符合內動的要求之後，外之所形，莫非內之所發，能夠「明規矩而守規矩」，再向「自動化」、「神似」方面發展，這樣才能夠「脫規矩而合規矩」，達到所謂「神化」的境界。

各部姿勢的要求都符合太極拳「柔中寓剛」的特點，適應於太極拳從「鬆柔入手，化剛為柔，積柔成剛，剛復歸柔」的鍛鍊步驟。太極拳，顧名思義，是包含陰陽對立面的統一體。陰陽指的是開合、虛實、呼吸、順逆、剛柔、輕沈、慢快、曲直、抑揚、化打、走黏等等，都是由內及外，以外引內的。因此，表現在姿勢上也處處是矛盾對立統一，彼此互相矛盾，而又互相聯繫，互相制約，互相轉化。某一部位姿勢不正確，就會影響到其它部位，相反地某一部位姿勢正確，則也可以帶動另一部位姿勢逐漸趨於正確。因此，初學時可以有重點地專心糾正一部分姿勢，逐漸克服缺點，以免顧此失彼，達不到全面的提升。

一、頭部

頭

頭為一身綱領，身法端正須從「頭」開始。

頭要正直，不可低頭仰面，左右斜歪，轉動時要自然平正，防止自以為靈活的搖頭晃腦，就容易帶動軀幹正直。站姿勢或做動作時，設想頭上似輕頂一物，可以防止頭部俯仰歪斜的弊病。初學拳時主要在保住面容正常，面部肌肉自然放鬆，不要故意做作抖擻精神。前輩太極拳家練拳時，或面現喜色而冷笑，或忽作怒容而發喊，或在拳式中仿傚禽獸的形像（例如「獸頭勢」、「打虎勢」、「白鶴亮翅」、「野馬分鬃」、「倒輦猴」等式）是所謂「變色」、「變臉」，帶喜怒，帶形狀之法，這是功夫深厚者有之於內自然顯之於外的，不可勉強學習。如果勉強學習、做作，「邯鄲學步」不但形象極醜，也不符合涵養性情的旨趣。

眼要平視，眼光要延展及遠。意欲向何處，眼神先去，身手腿的動作隨著前去；動作時，目光應當隨著主要的手或腳轉動；定式時，目光應視前方。拳論說「眼隨手轉，光兼四射」，說明目光應有定向而又不可呆視，眼神並應照顧上下左右。眼法的正確運用，使眼球神經獲得鍛鍊，有利於恢復和增強視力，使目光敏銳靈動。

口唇要輕閉，齒輕合，舌輕舐上齶，這樣就能使口腔津液分泌較多，可以隨時潤喉，使呼吸不致受到喉頭乾燥影響，同時有較多的津液咽入胃臟，有利於消化。

用鼻呼吸，呼吸要自然，要求逐漸做到呼吸與動作相協調。動作時，如感覺呼氣不暢，可以張口徐徐吐氣，吐畢隨即合唇，不可憋氣。總以呼吸綿綿，順其自然為合適。陳氏太極拳的練法快慢相間，並有發勁動作，因此，也有張口吐氣發聲的地方。楊式太極拳練到懂得運動似抽絲、架式放低的時候，運動量較大，也可以採用「口呼鼻吸，純任自然」（楊澄甫語）的方法。

太極行功與一般的坐功不同，坐功是身體不動，在靜的姿勢下來練氣，使它達到悠、勻、細、緩。而太極行功是在橫膈、腹肌及肋肌不停地變換下呼吸的，這樣就必須進行不同強度的呼吸，這叫呼吸運動的調節，它是自然的呼吸，因此就必須順其自然。隨著各種姿勢動作的不同，形成「悠與不悠」、「勻與不勻」、「細粗」、「緩急」的對立面，由於這種矛盾對立面，所以有聲音聞於外，在動作上也就可自然地與呼吸協調一致了。

頷要微向內收，不可向前仰起，也不可內收過度，以免用鼻呼氣時不能適應運動量加大的情況，引起呼氣不暢以及影響「虛領頂勁」和「拔背」的姿勢。

耳要靜聽身後兼顧左右，鍛鍊聽覺靈敏，神舒體靜，聽覺自然靈敏。

頂

「虛領頂勁」，亦即「頂頭懸」，在太極拳中特別強調。陳鑫說：「拳自始至終，頂勁絕不可失，一失頂勁，四肢若無所附麗，且無精神，故必領起，以為周身綱領。」頂勁的要求是頭頂百會穴輕輕上提，如同頭頂上有繩索懸著，百會穴與會陰穴（位於兩便之間的部位）要保持垂直的姿勢（「上下一條線」）。

頭頂百會穴輕輕上提除了可以使頭部自然垂直，防止前俯後仰、左右歪斜外，它的好處有下列四點：

(1)便於中樞神經系統調節全身各個系統和器官的機能活動，高度發揮對人體平衡的控制作用。

(2)使十多斤重的頭顱由於「頂頭懸」而減輕對身肢的壓力，從而身肢的動作顯得靈便。因此，拳論作出科學的分析說：「虛領頂勁神貫頂，滿身輕利頂頭懸」。前一句指的是練太極拳的最高要求，用「神」來帶領動作，後一句指的是周身輕靈的關鍵在於頂勁虛懸。

(3)「虛領頂勁」和「氣沈丹田」，在拳論中一直是相提並論的，前者有利於提起精神，後者有利於穩定身軀重心，透過頂勁和沈氣的上下對稱，也可以幫助產生「似鬆非鬆」、富於彈性和韌性的掤勁，促使精神自然提起，加速神經衝動的靈活性，並促使全身自然鬆開，為神氣鼓盪提供條件。

頂勁不可太過，也不可不及，要虛虛領起，若有若無，不可硬往上頂；正像「氣沈丹田」不可硬往下壓一樣，是「意注丹田」，在若有若無之間（意守丹田是坐功，守住丹田不動的意思；意注丹田是行功，貫注丹田，有動的意思）。正確掌握頂頸與沈氣，有利於練拳時全身動作輕靈、圓活和沈著、穩健。

(4)百會穴下與會陰穴「上下一條線」地對稱，有利於自然接通任督二脈之氣。百會穴在太極拳稱作「上丹田」，上丹田是始終「虛領頂勁」的。百會穴在前頂和後頂之間，百會穴虛虛上領，下頷自然微向內收，結合氣貼脊背，這同《峨嵋十二莊釋密》的「大椎、廉泉微後縮」的作用有相似處，但太極拳不用「縮」字，怕引起誤解，影響「上下一條線」的中正不偏，致生凹凸之病。百會穴之前為前頂，如果前頂上頂，則有頜部仰起之病；百會穴之後為後頂，如果後頂上頂，則有頜部過於內收之病。

百會穴始終保持「虛領頂勁」的姿勢，不但對全身中正不偏有提挈作用，而且由於下頜連帶微向內收，對於呼吸順遂和「內氣潛轉」也有極大關係。

項

頸項要端正豎起，而且要鬆豎，不犯強硬，這樣左右轉動時方能自然、靈活。如果用力而做成強硬的姿勢，就會影響到左右轉動的靈活性，也會影響到「虛領頂勁」和「面容正常」兩個姿勢的自然。如果只注意放鬆而變成軟塌，走到強硬的反面，同樣的也會影響到左右轉動的靈活性和面容正常兩個姿勢的自然。因此，頸項要端正地鬆鬆豎起，不犯強硬，不犯軟塌。

頸項能否鬆豎同虛領頂勁能否適當領起極有關係。頂勁領得太過，頸項會連帶地強硬起來；頂勁領不起來，頸項也會連帶地軟塌下去。後項中的兩大筋間的暗門穴（兩旁為天柱穴），下與長強穴（位於尾閭骨附近）相呼應，暗門即頸椎的第一個回旋椎，透過回旋椎的活動，頭顱成為平衡的槓桿，「虛領頂勁」是頭對脊椎的平衡。太極拳把脊柱的彈性活動稱作「身弓」：武式以腰為弓把，大椎和尾閭為弓梢；陳式則把弓梢的大椎往上延伸到頸椎第一節的暗門穴，以增加其調節度和爆發力，對推手時的引化發放，運用自如極有關係。「虛領頂勁」對脊柱起平衡作用，頸椎則起著調節的作用。練拳時，眼神向何處轉動，頸項也隨著向何處轉動。

二、上肢部

肩

練太極拳時，不論以身領手或以手領身，都是順勢轉圈，因此，首先要求手臂在伸縮轉圈時能鬆柔靈活。但是，手臂能不能鬆柔靈活，關鍵在於肩關節能不能鬆開。鬆開關節是在意識引導下，經過較為長期的鍛鍊才能逐漸做到的。運動成為習慣後，則自然能肩鬆而下沈。肩關節充分鬆沈後，全部手臂的伸縮纏繞，就能從心所欲地如風吹楊柳，活潑潑地毫無滯機。

「沈肩垂肘」列為太極拳的重要法則之一。太極拳在鬆肩的前提下，要求「沈肩」。沈肩垂肘也能幫助「含胸拔背」的自然形成，能「含胸拔背」才能「氣沈丹田」。肩部的鬆沈和旋轉活動，能起到舒展肩部韌帶、肌肉並牽引背部兩側肌肉形成氣貼脊背的作用。能鬆肩，才能沈肩。

初練拳時光從全身「放鬆」上著想，對肩關節也從放鬆上著想。練拳日久後懂得虛實的變換，要從「沈著」上著想；對肩關節也要從沈肩著想，使內勁由鬆柔趨於沈著，手臂極為輕靈圓活，但又極為柔軟沈重。這樣手臂就會逐漸加強「剛柔內含」、「似鬆非鬆」富有彈性和韌性的掤勁。

掤勁的質量越高，推手時發揮黏走相生的作用越大，就容易用肘部和手掌去牽動對方的重心，在引進化勁時也不致被對方壓扁，成為引進落實，使自身處於不利地位，而是充分發揮引進落空的作用。

沈肩墜肘時要注意腋下留有餘地，約可容一拳地位，不要把臂部夾緊在肋部，要「肘不貼肋」，使有回旋的餘地，並可免失掉「鬆開我勁勿用使屈」的彈性和韌性。

每勢定式時，肩要與胯成一垂直線，兩肩鬆沈並且微向前合，使有氣貼脊背之意，兩肩骨節似有一線貫通，互相呼應。這樣，舒展中就有團聚之意，加強掤勁和合力作用。動作過程中不論前進後退，左旋右轉，肩與胯也須保持上下對準的垂直線，符合「立身中正」的要求。

動作時兩肩要平齊，要防止在轉動時形成兩肩一高一低，破壞身法的中正不偏。陳、武兩式太極拳並主張兩肩骨節有微向前合之意，以便有助於涵胸、「氣貼脊背」和肋肌、肋骨的弧形鬆沈，兩肩節的微向前合，腹部兩側腹肌的外向前合，能發揮掤勁和合力作用。

肘

練太極拳時，肘始終要微屈並具有下垂勁，即使如白鶴亮翅的式子中右手臂上舉並超過肩部時，肘的共勁仍舊是下垂而沈的。如果肘尖向上抬起，那是上抬勁，與太極拳的要求相反。若肘部遠離身軀向外突出，也是捨近求遠的做法，這樣既妨礙沈肩，也影響沈氣，同時因兩肋暴露太大，在技擊上說，也是有害無利的。

沈肩墜肘也可使手臂在伸縮旋轉中加大力量，只有在沈肩垂肘的前提下，才能加強「坐腕」的作用。每勢定式時，肘尖要與膝蓋上下呼應，兩肘在前後，左右、上下也要互相呼應合住勁。

腕

腕部在全身關節中最為靈活，旋轉度很大。對腕部，最應掌握的原則是「坐腕」。一般人重視了腕的旋轉，多從鬆柔靈活上著想，而忽視了坐腕。因此，容易造成腕力軟弱，近於舞蹈式的揉腕，這樣就使內勁不易貫注到手的尖端，勢必影響到手臂掤勁的積累增長，也影響到推手時按、採、拿的運用和解脫採、拿並從而反採反拿的作用。

「坐腕」要求在手臂伸縮纏繞過程中，腕部既不強硬，也不軟弱，而要柔活、有韌性地運轉；腕部鬆懈，連帶影響到手背缺乏掤勁，容易被對方拿住手腕，在控制對方勁路時，也必須坐腕，才能控制得住。到定式時腕部應沈著下塌而有定向，這叫做「坐腕」。「坐腕」也叫做「塌腕」。

坐腕不但與手掌動作的定向有關，而且與內勁由脊背而肩、而肘、而腕達於手尖也極有關係。能坐腕，手掌在運轉中可以避免內勁的斷續或丟失。

手

太極拳的手型，僅分掌、拳、勾三種。手最為靈巧，手法的變化最多。太極拳套路內以掌法為主。太極拳掌法的特點為手指鬆舒，這與長拳類型的掌法（大指緊屈，其餘四指伸直併緊）不同。

各式太極拳各具特點和風格，在掌法的造型上也有區別，如陳式太極拳大指微直而微後彎與食指分開，其餘四指輕輕併攏微直，指端微向後彎；它的特殊作用是使指鬆開放長。這樣在開合時可引導內勁趨向指梢，並不使手臂有鼓勁的拙力。四指併攏後彎，各指的後彎是不同的，其中以食指的後彎度最大，以後各指漸漸減小彎度，類似打井用的螺旋式的鑽頭，可幫助螺旋勁的運用；除此以外，僅在擒拿手法中五指均屈。這種四指併攏微直而後彎的指法，易使內勁貫到指尖，大指與小指有相合之意。楊式大指微屈與食指分開，其餘四指略分開微屈，指節微向後彎。陳、楊兩式的四指有時作蘭花形，以食指為定向，這是在推手時運用拿勁的一種指法。

吳式大指微屈與食指分開，指尖向前，其餘四指微屈略分開，指尖俱向前。武式四指分開的距離較大，指節的彎曲度也較大，指節的弧形與掌心的窩形相適應；

大指與小指相對領勁，使之擎聚不散。孫式掌法較武式舒展，弧形較淺。

由此可見，各式在掌法的造型上是各具特點和風格的，但是，鬆柔不犯強硬、也不犯軟弱、意勁須貫到指尖的原則，仍是一致的。練拳時以手領肘，以肘領臂，故手指尖須始終輕輕領住運行。

初學拳時，出掌和收掌都應以自然舒展為主；手指不要用力併緊或用力張開，掌心也不要做成窩形。到功夫較深時，已經懂得動作的虛實，在掌上也應當有所表示。例如，向前伸手，在未伸時，手掌微帶窩形，蓄而不張，這是虛掌；在前伸的過程中，由於螺旋形的旋轉前伸，逐漸舒展，即逐漸減少窩形，這叫做由虛而實；到終點時，窩形近於消失，微微展指，坐腕，掌根微微著力前凸，以助前伸之勢，使意勁貫注於指尖，這叫實掌；將掌收回時，由於螺旋形的旋轉後縮，手掌逐漸由舒展而復歸於含蓄，仍成微窩形，這叫做由實而虛。

掌的動作是整體動作的一部分，所以掌的虛實，應當與整體動作的虛實變換相結合。拳論說的「其根在腳，發於腿，主宰於腰，形於手指……總須完整一氣」，就是指出了手應當與腰腿腳的完整動作相適應。

練拳練到著重在「行氣運勁須無微不到」的階段，指尖勁的變換也應該隨著手臂纏繞伸縮的不同方向而有主次地加以變換。例如，前伸時側掌而出，這時小指在前領先，勁點先在小指尖，隨著旋轉而出，勁點依次移向無名指、中指、食指以及大指尖，使內勁貫到五指指肚。逢大指在前領先時，勁點先在大指尖，隨著手臂的旋轉，依次貫勁到小指尖。平掌起落的應以中指尖領勁，中指尖勁到，其餘指尖勁也到。凡大指向外旋（纏）時稱作外旋（纏）或順旋（纏）；向內旋（纏）時稱作內旋（纏）或逆旋（纏）。

練到定式時，眼神注於哪個指尖，即以那個指尖為主，徐徐貫足內勁（貫勁是用意貫注，不可用力，勁只能貫到九分，神氣要貫到十分）。一個指尖勁足，其餘指尖勁也會足起來。內勁方才貫足，下一勢的機勢就接著引起。定式時，陳式眼神注視中指尖，楊式、吳式眼神注視食指或大指尖。這種依次貫勁於手指的練法，只有像太極拳那樣旋腕轉膀的螺旋形、抽絲形動作才有可能，凡是直起直落的拳法是不可能有這種練法的。

每勢定式時，手尖與腳尖上下（或前後）相呼應，兩手尖也需互相呼應，在大部分姿勢中手尖與鼻尖均相對。手尖、腳尖、鼻尖在絕大部分姿勢中最對齊的，稱作「三尖相對」。

掌按出時，不可太過於膝，太過於膝易失重心，推手時極為不利。手臂處處屈而不直，保持蓄勢，推手時就可以滔滔不絕地黏走化發。

根據徐致一先生的意見，掌法根據手掌的方向和形象，可以歸納為下列七種。

一、**正掌**：指尖向上，掌心向前方，都為正掌。

二、**立掌**：指尖向上或者偏向上方，掌心不向前方而向其它方面的，都為立掌。

三、**垂掌**：指尖向下或者偏向下方者，不問掌心向著何方，都為垂掌。

四、**仰掌**：掌心向上或者偏向上方者，不問指尖向著何方，都為仰掌。

五、**側掌**：大指指尖向上，手掌側立者，不問掌心向著何方，都為側掌。

六、**俯掌**：掌心向下或者偏向下方的，不問指尖向著何方，都為俯掌。

七、**反掌**：拇指在下，手掌側立的，都為反掌。

拳

太極拳的握拳形式，同其它拳種的一般握拳形式是一致的，即四指併攏，用中指尖帶領一齊先捲曲，再指尖貼掌心，然後大指肚貼於中指中段上握成拳形。太極拳雖然是柔中寓剛的拳，但它是從鬆柔入手的，所以握拳也不宜太緊。但不論鬆握與緊握，都必須有團聚其氣的意念，使有分之不能開、擊之不能散的作用。

陳式有發勁動作的拳式，也僅在落點的一瞬間才把拳握緊迅速盡力擊出，一擊之後立即鬆握。所以拳論說：「去時撒手，著人成拳」。在武式中握拳最鬆，四指微屈，大指貼於食指梢節，拳心中空成拳式，似乎失去拳形，這是完全用意不用力的練法。初學時應當握實拳，作團聚其氣的想像，但不要握得太緊。由掌變拳，或者由實拳放鬆為虛拳，出拳落點時拳背需與小臂成垂直，不可內拗或外突，以免出拳遇阻力時腕部受傷，這是各拳種從實踐中得出的共同經驗。其動作的快慢，要適應各式太極拳的特點。

練拳日久後，對於拳的伸縮旋轉，要體會勁點的變換，如立拳（虎口在上）出拳前伸時，小指根節二節中間平面領勁；旋轉為平拳（拳心向下）出擊時，中指根節領勁；拳往下栽時，中指二節領勁；拳往上沖時，中指根節領勁；拳在回環中有上挑（虎口在上）或下撥（腕骨內旋或外旋，虎口在下）形勢時，大指二節領勁；拳有下劈（虎口向上）形勢時，小指根節領勁；而在腕骨外旋，虎口斜向下時，食指根節領勁。勁點應該在乘勢轉圈時，隨著方向和作用的不同，隨時變換，總以勁能貫於拳為標準。這是拳式的領勁之法。

太極拳用拳打擊的動作只有五個，即掩手肱捶（搬攔捶）、披身捶、肘底捶、擊地捶（栽捶）、指襠捶五種，故有「太極五捶」之稱。但由於太極拳的動作是纏繞運轉的，在五捶的運轉中，正反、俯仰、橫直交叉地進行，形成各種動作。根據徐致一先生的意見，太極拳全部握拳的動作，按照方位或者式樣，可以歸納為下列幾種。

一、**正拳**：向前伸出或者向裏收回，所握之拳虎口朝上的都為正拳。用正拳時很少用轉腕旋膀的動作，正拳是唯一沒有旋轉動作的拳式。楊、吳、武、孫等四式的搬攔捶，用的是正拳。陳式始終是螺旋式動作的，因此沒有正拳。

二、**反拳**：這是往裏或往外的虎口朝下的一種式子，一般以高舉在頭前或下插拳者為限，但是，在纏繞過程中也有反拳的形式出現。

三、**立拳**：凡是拳頂向上或者斜向上方而虎口向前、向後、左或右的都為立拳。

四、**栽拳**：虎口朝前或向左，向右而拳頂偏向下方的都為栽拳，它與立拳的方向相反，也可叫倒拳，只有在向前、向下打擊時才用這個拳式。

五、**仰拳**：拳心向上、拳背向下的都為仰拳。

六、**俯拳**：與仰拳的方向相反，拳心向下，拳背向上的都為俯拳。

勾

勾手是五指撮在一起、手指向下的一種式子，通常是由掌變勾。太極拳的勾手有兩種形式（四式、五式的拳套內是沒有勾手的）。陳式、吳式的勾手是先小指，依次將無名指、中指、食指捲曲，小指尖緊貼掌根，大指貼於食指梢節之上，指節的旋轉幅度較大。陳式在乘勢轉圈中做勾手，腕部旋轉的幅度較大。吳式由按掌後直接做勾手，腕部旋轉的幅度較小。勾手在技擊上是一種擒拿的手法，起刁、拿、鎖、扣的作用，也可用手背腕骨硬處擊人軟處。楊式則改為乘勢轉圈中做勾手、五指尖撮攏下垂的形式，也稱作吊手。也有把勾手稱作抓拳列入拳法之內的。

勾手是練習腕力和指力的方法之一。陳式太極拳不論在拳套和推手內，保持擒拿法很多（太極拳的擒拿法是以膜、脉、筋、穴四者為目的物，運用節、拿、抓、閉的手法，由揉摩推量覓得其點；以拿對方的勁路，乘勢借力為主，使對方不得活變，不專限於拿對方的關節）。至於「硬刁、軟闖」之訣，腕指間要有「拿、擺、纏」之功，身步上要有「提、攔、貼、空」之能，則與其它拳種的拿法要求相同。

因此，在陳式掩手肱捶等拳式過渡動作中有四指勾屈做刁拿動作的勾手，有無名指、小指勾屈，食指伸直向前的勾手，都是擒拿手法。

三、軀幹部

胸

胸部姿勢在武術中有三種：挺胸、凹胸和含胸。

太極拳是採用腹式深呼吸的，因此胸部採用「含胸」的方式，在不增加呼吸頻率情況下來加強呼吸的強度和深度，借以減除運動中氣喘的現象，它跟採用胸式呼吸的運動項目的挺胸方式正好相反。

含胸不同於凹胸的緊張內收，含胸是胸部要有寬舒的感覺。含胸在健身方面有重要的作用。它在肩鎖關節放鬆，兩肩微向前合，兩脇微斂的姿勢下（在武禹襄的《身法》十目中稱作「護肫」），由動作，使胸腔上下徑放長、橫膈有下降舒展的機會。含胸不是隨著動作而變動的，是固定的。一般都是胸部平正，不凹，不凸的，可以很自然地形成橫膈式深呼吸，同時由於橫膈的張縮，使腹腔和肝臟受到時緊時鬆的腹壓運動，對輸送血液和促進肝臟機能活動很有幫助。

由於胸肌的上下左右地旋轉活動，使含胸在技擊上起了重要作用，凡是要運用化勁（即走勁）的手法都離不開含胸的輔助。所以拳論說：「兩膊相繫」，「緊要全在胸中腰間運化」。含胸即是胸部的「蓄勢」。

練拳功深後，以身領手，以手領身，順勢轉圈，「胸亦隨手轉圈」，這時胸肌不但有著伸縮的作用，而且起到上下左右弧形旋動的作用，因此，對健身和技擊的作用也就更大了。

初學拳時，大都不很習慣於含胸，只要把挺胸的念頭完全打消，慢慢地在坐身的動作裏微微含胸來適應動作的需要，日久自然會越含越充分。不善於運用含胸的人，容易形成凹胸、駝背的病態姿勢，這是應該注意避免的。

兩肩中間胸前的兩根鎖骨，需要用精神貫注來固定它，加上「護肫」（即在胸肌鬆沈而外往前合，肋骨節節鬆沈情況下）的姿勢，上身身法就正而不散，身有主宰。胸的虛實管兩手，胸微內含，兩鎖骨微鬆沈，動作時左右胸肌交替換虛實，就能夠正確地、有效地發揮「上於兩膊相繫」的攻防作用。下肢虛腿要與含胸相吸相繫，使上下對稱，這樣虛腿便靈活而不致偏浮。

背脊

「含胸」和「拔背」是聯在一起的，能含胸就能拔背。

含胸是胸部平正自然，不凹不凸，兩肩骨節微向前提，隨著動作的變化，胸肌作左右弧形下沈。拔背是當胸略內含時，背部肌肉往下鬆沈，而兩肩中間脊骨似乎有鼓起上提、不是向後拉之意（特別是頸下脊椎第三根骨節）。

含胸的作用是為了有利於化勁，而拔背的作用則是為了有利於捲勁和放勁，所以它們在技擊上是蓄發相變的關係。「力由脊發」，「若問此中真消息，需尋脊背骨節中」，都說明拔背在捲勁和放勁時的主要作用。

拔背在健身作用方面主要是使動度小，最多不過三十度。變動脊柱的背椎（也稱作胸椎），能夠做到從前弓形轉向後弓形的調劑活動，使脊髓神經獲得良好的鍛鍊。其次，是在運動時能使肩背部分的肌肉得到更多的舒展，脊椎骨有力和富於彈性。其好處有四點：

1. 有著支持和調節體重的任務；
2. 在主宰於腰的前提下，同腰部聯合起來帶動四肢運動，使全身「一動無有不動」；

3.維持姿勢和動作的正確性以及中正不偏；

4.在發勁技巧上同腰部聯合起來能起發動機的作用，使內勁起於腳跟，通於脊背，形於手指，因此說：「力由脊發」，「腰脊為第一主宰」。

經絡學說的督脈下起骶骨尾部中央尾骨末端長強穴，沿督脈上行至頸部背面的大椎穴，而腧穴也都在背部，腧穴是人身氣血的總會，臟腑經氣都由腧穴而相互貫通。太極拳重視脊背的鍛鍊，可以起到調整陰陽、調和氣血、開通閉塞的作用，從而達到陰平陽秘（陰平指體質適宜，陽秘指官能相稱，即陰陽對立，互用並存的陰陽相對平衡），對機體消化機能、吸收機能和物質代謝等，都有顯著良好作用。

腹

太極拳的腹式呼吸運動和含胸拔背的細緻練法，對防止內臟器官、機能的各種慢性病，極有成效。

太極拳對腹部的要求是「鬆靜」。古人稱腹為「氣海」，以為「氣海靜，則邪欲不能作，精全而腹實」。因此拳論提出「腹鬆靜」的要求。有些人把「腹鬆靜」

改作「腹鬆淨」，這是不對的。由於「氣沈丹田」，腹部時鬆時緊地運動著，腹部逐漸充實圓滿（不是膨脹飽滿），富於彈性，好像打足氣的皮球，可以經受得起打擊。練習日久後，會產生「腹內鬆靜氣騰然」的景象，那就是感覺到腹內產生了一種氣流在旋轉。

腹式呼吸有助於潤滑內腸和增強腹壁肌的韌性。太極拳流派中也有的主張在運動過程中小腹中央始終要似乎有一條線在上提，就是說小腹要始終前突，這同胸肌弧形下旋，腹肌微縮，似乎匯合於小腹中央，幫助發勁集中有關係。這種練法對於下部的重心，固然能起穩定作用，發勁的集中也能加強，可是如果缺乏踢腿、彎腰和跳躍動作的練習，也容易產生練成大肚子的現象。

初學時只需注意放鬆腹部肌肉，到動作熟練後，只需作氣沈丹田的想像，而不要追求「氣騰然」和「腹鳴」的現象。「氣騰然」是腹部不斷左旋右轉，膈肌一上一下地運動，日久發生「氣騰然」的身體感覺；「腹鳴」是內腸蠕動與腹內氣體相摩相蕩而產生的，是生理上的自然現象，是功夫到一定程度時自然而然會到來的。

丹田的部位，是在臍下部和其下小腹部分。拳論上所說「腹內鬆靜氣騰然」這句話本身，也指出丹田不是固定的部位。所以，在做沈氣的想像動作時，以小腹部分覺得充實圓滿為適宜，不必固定地注意於某一點。

百會穴始終是「虛領頂勁」的，不動的。吸蓄時氣注下丹田，呼發時部分氣呼出，部分氣下沈於小腹，部分氣移行於中丹田。呼發時下丹田之氣蓄有餘裕，才能滔滔不絕，中丹田和下丹田在蓄發時是交替的，與上丹田（百會穴）上下對拉求得勁整。臍部神闕穴及其兩側胃經的天樞穴，是上腹部與下腹部的分界地方。這部分經常做上下、左右的弧形動作，有利於防治大腸疾病與腹瀉，也有利於防治便秘、遺精和小便頻數。

「氣沈丹田」主要是腹式呼吸橫膈肌的作用，但是，姿勢上的配合極為重要。姿勢上做到尾閭正中，含胸拔背，沈肩墜肘，提頂吊襠，胸背部肌肉弧形下沈，肋骨節節鬆沈，有外往前合之意，就能達到充分做好「氣沈丹田」的要求。

「氣沈丹田」在放勁時，有助於穩定重心，增強兩足力量，下盤穩固，加大爆發力，利用地面反作用力使「發勁沈著鬆靜」，牽動對方後腳跟，使之騰空擲出。

不論練拳或推手，當氣沈丹田、當以意運勁略一貫於腳跟之一瞬間，絕不可下蹲做勢，否則會形成缺陷、凹凸、斷續之病，氣勢一有斷續，便形成兩股勁。不是一股勁，便不是氣勢鼓盪，一氣貫通。脊柱的鬆沈自然是整體蓄勢的關鍵，「蓄而後發」絕不可形成下蹲做勢的斷續之病，這是蓄發相變時應該注意的問題。

腰

腰是上下體轉動的關鍵，對全身動作的變化、調整重心的穩定，以及對推動勁力到達肢體各部分，都起著主要作用。太極拳對腰部的要求是鬆、沈、直。腰部要求「鬆沈」，是為了「氣沈丹田」能夠沈得充分，使得上體氣不上浮，下肢穩當有力而又轉動靈活，為了防止後背或內凹或外凸，腰部又要求直（有往上頂和拔長之意就能直，腰直就表明這一轉動的中軸不彎、不搖晃，中軸不彎、不搖晃地轉動，才能使內勁達到支撐八面的靈活功用，而不致偏向一面。偏於前後如俯仰病，偏於左右為歪斜病）。由於全身放鬆，腰以上的體重自然下沈，其重量全部由腰部來負擔，所以腰部必須豎直方能堅強有力，腰幹挺得起來。

勞動中的挑擔和運動項目中的舉重，都需腰幹挺直，才能發揮功效，避免震傷。

太極拳內勁的運轉要由腰脊來帶動四肢運轉，所以拳論說「主宰於腰」。拳論說的「腰為車軸，氣如車輪」，就是要求腰部像車軸（軸心）那樣地直豎、穩定、圓轉、不搖擺、不軟塌，徐徐轉動來帶動內勁和四肢如車輪般的旋轉。「車軸兩命門，一纛搖又轉」是指在腰脊旋轉下，兩側腎臟在旋轉活動，使腎臟獲得鍛鍊。

拳論又說「腰為纛」，這也是比喻腰部需如古代軍隊的中軍大旗的直豎。每勢定式時，腰和胯微微鬆沈，就有助於使動作靈活，重心穩定，使內勁通過腰軸旋轉的離心力，而推動貫注於四肢尖端。腰部不下鬆，不正直，臀部就容易過於突出，尾閭也就不能正中，對「神貫頂」、「力由脊發」都會產生不良影響。拳論又說「命意源頭在腰隙」，「腰隙」指的是兩腎，俗稱腰眼，古人認為腎是體內氣體的源頭，所以陳鑫的拳論說「氣由腎發」。腎壯則精足，氣充，神清，目明，身強，所以拳論強調「刻刻留心在腰間」。

腰部動作對健身和技擊有極大關係，因此，初學拳時首先要注意腰部的放鬆，也要注意直和沈。在放鬆的基礎上來注意直和沈，可以避免往下硬壓和往上硬拔，以致影響腰部旋轉的靈活性。任何拳種都注意腰力的運用，腰力運用得當，可以使周身力量集中於一點。太極拳家曾說：「掌腕肘和肩，背腰胯膝腳，上下九節勁，節節腰中發。」摔法的訣竅也強調「擰腰變臉」①，都說明腰在技擊性鍛鍊上是何

---

①在《陳式太極拳》一書中，沈家楨先生寫的「陳氏太極拳的八個特點」一章內，九節指的是腰脊頸肩肘腕胯膝踝九個主要關節，那是指練拳套而言，這裏是指技擊應用上體的部分而言。

等重要。

吳式太極拳作弓步時，雖然上身前俯，而腰和身則必須豎直，即頭頂要直貫腳跟，在無形中成一直線，這是「斜中寓直」的一種身法。

太極拳首重身法，因此，總的虛實在腰部，次在胸。腰部在動作時左右腰隙交替抽換來分虛實。腰隙管兩腿，腰隙實的一面，下邊的腿也實；腰隙虛的一面，下邊的腿也虛，這是「下於兩腿相隨」的鍛鍊方法。但仍須貫徹「實中有虛，虛中有實」的原則，使實不佔煞而偏沈，虛非無意而偏浮。定式時腰需下塌（即腰勁要下去），有助於沈氣和貫勁於四梢，樁步也更穩固。

臀

臀部的生理構造是微向外突的，但在練拳時如過於外突，必有低頭彎腰之病，故太極拳對臀部要求不過於突出而注意向裏收進，稱作「斂臀」，是腰部鬆沈直豎和「尾閭正中」後的自然收進的姿勢。因此，過於強調收進，練成沒有自然外突的臀部，即俗稱的「沒有屁股」，反而是違反生理上自然形態的，會減弱下肢的支撐力。斂臀的主要作用是在「氣沈丹田」和襠部會陰虛虛上提的配合下能使氣團聚小腹，加強橫膈式呼吸運動的作用，能使腹肌、大小腸、泌尿系統獲得更好的有規律的鍛鍊，也有助於提高腹肌的彈性和韌性。其次，在斂臀後臀部易於保持中正，不像突臀時容易扭臀，常常會使「尾閭正中」受到影響。尾閭位於尾骶骨附近，它是自然正中，不偏不倚的，因此它不是一個動作，而是生理上固定的姿勢，與骨盆傾斜為四十至五十度。斂臀後加上頭部的「虛領頂勁」，全身就易於中正安舒。所以《十三勢行工歌訣》說：「尾閭正中神貫頂，滿身輕利頂頭懸」①。

此外，斂臀不但有利於做好平衡動作，也有利於推手時的化勁和放勁，可使身體重心下降。因為斂臀使整個脊柱下端的尾閭內斂和沈著，這樣就固定了脊柱的下端，成為整個上體的支座。有了這個尾閭正中的支座，使腰骶固定，則有助於增強脊柱的靈活性和背肌的彈性，這也是勁由脊發出的根源。

如果臀不內斂，尾閭後凸，不正中，則會使發勁成為偏向一邊的手臂勁，這種勁會失去平衡，不能「專主一方」，因為它不是發於腿、主宰於腰脊的整體勁。

臀部的技擊作用為應付背後近身的敵方，或移步進身將臀部貼住敵方小腹，配

---

①尾閭生來就是中正不偏的。李亦畬手抄的拳譜上寫的是「尾閭正中」，但有的太極拳書則誤改為「尾閭中正」。這是沒有了解「尾閭正中」的作用，只聯想到「立身須中正安舒」一句話所致。

合手法，俯身將臀部上挑，使敵方從我背後前翻倒地。臀部也可猛坐身後敵方的胯部或膝節，使之倒地。

四、下肢部

襠

會陰（位於兩便之間），稱作襠。經絡學說任督二脈俱起於會陰，百會穴的「虛領頂勁」下與會陰相呼應，是一種自然接通任督二脈的鍛鍊方法。襠要圓，又要虛，不可夾住像人字形的尖襠。胯根撐開，兩膝有微向裏扣的意思，襠自然能圓（即使兩膝微向外叉開，而兩大股外往裏合，胯根撐開，同樣有「圓襠」的作用）。

會陰處虛虛上提，這部分皮膚有不使下盪的意思，這樣襠自然能虛。襠的虛圓協調能使兩髖關節撐開，旋轉圓活，是使腿部可能由弧形轉換虛實的唯一基礎，腿部動作是與臀部動作協調一致的，手臂是順圈，手臂下的腿部也是順圈；反之，手逆圈，腿亦逆圈。所以，只有在屈膝圓襠之下，才能節節貫串地勁起腳跟，發於腿，上升腰脊，形於手指。從前也有人把圓襠稱作「吊襠」或「調襠」。

太極拳以鬆圓為主，故以稱作圓襠為合適。

腰胯鬆沈，臀部內斂，襠勁自足。襠勁下足後，膝節更有力，足底也更沈實踏地而樁步穩固。下襠勁和沈氣的動作是協調的，因此小腹更為充實，重心也更為穩固。襠一虛，那就是實中有虛，轉動就顯得靈活。下部襠勁下好，上部頂勁領好，身法自然端正，能起到身肢中正而又放長（即對立拔長）的作用。所以前輩太極拳家把「提頂」和「吊襠」相提並論，作為身法之一，例如佚名氏的《各勢白話歌》中就把「提頂吊襠」並列。

在動作中遇到隱於內或顯於外的發勁時，則必須有腰襠部的變換來助勢，這樣才有利於正確發勁和沈著鬆靜，並增加其「曲中求直」的直射的速度。

腰襠的變換對於穩定重心和調整重心，對於身法、手法、步法變換的靈活和配合能起調節作用。身體中正下蹲時，胯根撐開，襠口就放寬撐圓，容易使襠勁自尾閭上升。但下蹲時，襠的高度不應低於膝蓋，否則運動量降低，就會形成與尖襠相反的邊襠，襠勁不能收斂上升，兩腳外側也因而虛浮，虛實變換因而不靈。

腰的變換虛實同襠的開合虛實必須密切配合，動作變換時，必須腰襠鬆活，這樣動作方能靈活而不重滯。推手時化勁的順遂，重心的平衡，方向、力點、角度的變換主要依靠腰襠的變換，兩手與胸間的運化居於次要地位。「人不知我，我獨知人」的技巧，在上肢為螺旋勁的運用，在下肢為腰襠的變換，潛移默化達到內動不令人知，因此，拳論指出：「有不得機不得勢處，其病必於腰腿求之。」

發勁時（不論是隱於內或是顯於外的），尤須扣襠擰腰，內勁方能沈著透達。腰襠不鬆不活，內勁運轉就會顯得遲鈍；腰不塌，襠不扣，不論隱於內或顯於外的發勁都會顯得浮而無力。

胯

上肢三大關節為肩、肘、腕，首先要求鬆開肩關節；下肢三大關節為胯、膝、踝，首先要求鬆開胯關節。胯關節鬆開後，腰腿的動作就更為靈活協調。在圓襠之下鬆胯，可使恥骨聯合和坐骨結節上的關節縫隙加大，運動度因而得到擴大，這樣就靈活了腿的弧形運動，使內勁上升到腰脊。因此，也可名為開胯。但開胯時如開得太過，或者在坐身時胯根低於膝蓋的水平，就會形成「蕩襠」，使腿的基礎浮而不固。同樣，如胯開得太窄，也會形成「尖襠」，就不能靈活地引進後坐。因此，胯關節是調整腰腿動作的關鍵。

拳論上說：「有不得機不得勢處，其病必於腰腿求之」，而胯是腰腿的轉關之處，胯關節不靈活，腰腿就很難相順相遂，可見鬆開胯關節是很重要的。以腰部為軸心微微轉動時，骨盆也連帶地在微微轉動，因此，轉腰實際上是轉腰胯。由於胯部負擔上體的重量，胯關節的鬆開要比肩關節鬆開多一段鍛鍊的時間。經常做彎腰壓腿（壓膝節、壓胯根）和高踢腿的基本功，可以幫助鬆開胯關節，提高其靈活性和柔韌性。

凡是體力條件許可，要求加大運動量的，逢到邁步時，實足的胯根要微向裏抽旋而下沈，隨著旋腰，姿勢同時微向下蹲（必須保持立身中正安舒，上下一條線），同時另一腿緩緩伸出，逐漸轉移重心於這一腿，到定式時落胯塌腰。這是太極拳鍛鍊方法加大運動量的重要方法，也是使樁步在任何角度上都極為穩固的運動方法，是下盤穩固像大樹般根深蒂固的訓練方法。在「上下一條線」的中正姿勢下，虛領頂勁和腰襠勁下沈，貫到足跟猶如大樹的幹枝在上升，而根枝在下降。因此練太極拳的人一般都腿部粗大，腿肌發達。但這是一種吃功夫的練法，運動量極大，一般只適宜於年輕力壯者要求增加運動量時方能採用，年老體弱者是不應該採用的。

為了動作時處處保持「上下一條線」，凡前進後退時，必須兩胯節直豎，齊進齊退，或者均勻抽換，務必不偏不倚，上與兩肩骨節相對，動向一致，處處符合「肩與胯合」的要求，這樣就有助於始終保持「尾閭正中」和「立身中正」，達到定式時的「中正不偏」，轉動時的「偏中有正」。

技擊作用上的胯打，是乘勢乘隙以胯部的彈簧勁打擊對方，但胯打時仍然要立身中正。練拳即是推手，推手即是練拳，體用一致。

陳式太極拳有顯於外的發勁動作，為了練習腰襠的運用，使發勁正確，經常抽出幾個單式來練習發勁，校正腰襠的變換。先求動作的正確性，後求爆發力的集中和加大，練巧先練勁，練勁先練順。必須風聲呼呼，才能練出功夫來，否則「拳無功，一場空」。還需兩人互餵，試驗勁力進展程度。楊、武、吳等拳式現在取消了顯於外的發勁動作，這是使太極拳能夠適應廣大群眾練習的重要改革。練習楊、武、吳等式的年輕力壯者，凡是愛好練習發勁的，仍須抽出幾個單式來練習，如攬雀尾式子的掤勁、擠勁、握勁、按勁，野馬分鬃式子的挒勁、採勁、靠勁，披身捶式子的順步進擊捶，搬攔捶式子的拗步進擊捶等，都是調整腰襠，練習發勁的拳式。

太極拳的動作都是先練慢速度的，僅陳式尚有第二路太極拳（即炮捶）是專練快速度的。因此，抽出單式來練習發勁，還能起到練習快速度動作的作用，有利於能慢能快，符合拳論所規定的「動急則急應，動緩則緩隨」的要求。

在實足的胯根微向內抽、虛足緩緩伸出時，不但虛實分明，也是撐開兩胯根（開胯）的過程。每勢變動時的「活腰」與「開胯」，與完成時的「塌腰」與「落胯」，久久練去，胯根自然會鬆開，能使腰腿的轉動顯得非常靈活。胯根顯著撐開的練法，試舉楊澄甫拳式的「倒攆猴」接「斜飛勢」和「單鞭」接「下勢」為例來加以說明。

1.「倒攆猴」定式時，左足在後為實足，足尖斜向左前斜角；右足在前為虛足，足尖正對前方（圖1）；接做「斜飛勢」時，右足略提起收回，再向正方踏出，足跟輕點地，兩足跟右前左後在一條線上對齊，此時兩足尖成八字形，胯根撐開（圖2、3），重心隨身手逐漸前移，至兩足平均負擔全身重量的一瞬間，「開胯」至

圖 1

圖 2

圖 3

圖4

圖5

極度，呈「開胯圓襠」形狀，兩膝頭亦相應地分向右前左後至極度，但膝尖不可超出足尖；此時重心微向下沈，有「中正安舒，支撐八面」之意（圖4）；然後重心前移，左足尖隨向裏扣，成右足弓、左足蹬的弓步式，完成「斜飛勢」姿勢（圖5）；這是顯著「開胯」和「圓襠」的一例。

2.由「單鞭」定式時左前弓足負擔重量約十分之七，右後蹬足負擔重量約十分之三（圖6）；接做「下勢」時，先將重心逐漸後移，同時將右後足足尖外撇四十五度，對向右後斜角，左前弓足足尖仍正對前方不動，左右足尖成外撇八字形；在雙足平均負擔體重的一瞬間，胯根撐開至極度，呈「開胯圓襠」形狀（圖7）；隨即重心逐漸後移於右後足，蹲身落胯，腰要鬆沈直豎，不可軟塌，成「下勢」式（圖8）。這是顯著「開胯」的又一例。

圖6

圖7

圖8

圖9

陳式每勢屈膝、圓襠、開胯、均較楊式更為顯著，因此運動量也更大。試舉陳發科的拳勢為例（圖9、10、11）。圖9表示掩手肱捶的開胯；圖10表示右分腳的開胯；圖11表示雀地龍的開胯。

膝

腿部支撐全身活動的重量，而以膝節負擔的重量較大，因此膝節必須有力、靈活。練太

圖 10

圖 11

極拳動步時，始終輪流以一足支持重心，一足提起邁出去。太極拳的動作又是慢速度進行的，因此，膝節的負擔比那些動作快速的拳種要大得多。

初學太極拳時，只能架式高些，減輕對膝節的壓力。邁步時先須提起大腿，使力聚膝節來帶動腳跟提起，做踢腿或獨立動作時，先須提腿把力量集中於膝節，膝蓋上提的高度至少與胯平，胯部韌帶拉得開的，可以提高到膝與心口齊平。經常練習獨立雙手抱膝，使膝部貼住胸部，獨立提膝時就能提得高，腿也能踢得高。

提膝把力量集中於膝尖，可以把周身勁力節節貫串地透達於足尖，加強發力。肌肉的縮而後伸，關節的柔而韌，能使發力加大，例如，足球運動員伸直膝關節的股四頭肌（大腿前面），一收縮，再一腳踢開，力量可達一千公斤。腿的弧形轉換虛實已在襠節內說過了，它是由胯根和膝節領導著做順圈和逆圈的。腿與臂是上下配合一致劃弧線圈的，而不是像其它拳術以直線弓出，以直線後坐；這也是做到由腳而腿而腰完整一氣的關鍵，也是膝節靈活富於彈性的由來。在技擊作用上，拳論上有「足來提膝」、「近便加膝」之語。「足來提膝」是以腿破腿之法，是護襠護臁骨之法，是對付撩陰腿、克膝腿的攻守兼備的方法。「近便加膝」，指的膝蓋上頂，裏外撇膝和跪膝，起到用膝打擊和使用跌法的作用。陳式太極拳推手時，雙方前足也在互相黏化，力求增強腿力和使觸覺靈敏，為配合手法，使用跌法打好基本功，也能起到用撇膝打動對方樁步和跪膝使對方站立不穩的作用。

定式時，膝節要有微向裏扣意，兩膝前後（或左右）互相呼應，配合胯根撐開撐圓，把襠勁合住，這叫做合中寓開，使得下體沈著有力，襠部也能保護得住。前足弓出踏實時，膝尖不可超出腳尖，以免失去平衡，也不宜與小腿成垂直線，這樣會影響到下一動作的靈活性。因此，凡前足弓出，膝節應略向前伸越出垂直線，而以不超出腳尖為度。

足為步型、步法的根基，根基不穩，稍有偏差，步型、步法必亂。

步型是下肢固定的姿勢，步法是下肢變化的動作。步型經過移步轉換才稱作步法，太極拳各派的步型、步法也有繁簡、大小的不同，其共同要求為足部動作需正確、靈活、穩當，使步型、步法有規律，可以支持和調節全身重心的穩定，不致引起身法歪斜彆扭，從而不能周身勁整，浪費體力，從而影響呼吸的順遂。

太極拳對步法的要求是：進退轉換，虛實分明。前進後退和步法變動時，身腰隨著轉換。邁步要輕靈，不可重滯；落步要穩健，不可搖擺、顫動或沈重、填實。

步法是平衡和支撐全身的根基，動作的靈活或遲滯完全決定於步法是否正確。「千變萬化由我運，下體兩足定根基」，「手避三分，足進七分」，「勝在進步佔勢，不敗在退步避鋒」，這些話都說明了足部動作的重要性。

太極拳的步法和手法同樣地須走弧形，劃圓圈，絕無直來直往、直上直下的動作；腿部的動作又必須和手臂的動作同時協調進行，只有「手隨足運，足隨手運」（手隨足運是以足為主，足隨手運是以手為主，隨勢而異；大凡在原地運轉時足隨手，進步退步時手隨足），才符合「上下相隨」的要求。

在邁腿劃弧方面，現行的吳式太極拳已改為不走弧線，這是為了便於學習的一種改革，對年邁體弱者較為合適。邁步時，先須坐穩在一腿，屈膝鬆胯，穩定重心，然後另一腿緩緩地弧形邁出。凡欲向左邁步，右腰隙先下抽落實，右胯根同時內收落實，左腿邁步就輕靈，反之亦然。這是意欲往左，必先往右，意欲往右，必先往左的原理在步法上的運用。原來陳式、武式每勢步法的轉換，不離這項規定，後來發展的太極拳流派，有許多步法轉換的動作並不一定這樣做。

邁步時，落足的方向、角度和轉變時足尖的外撇、內扣或足跟的左旋右轉、主次先後和度數等，都需辨別清楚，務使在動作時全身上下相順相隨。

兩足要一虛一實，虛實要分明，還要求「虛中有實，實中有虛」，「虛非全然無力，實非全然佔煞」。邁步要像貓兒行路那樣輕靈，尤其是要像捕鼠時貓足沿地鏟出的那樣，這是太極拳足尖翹起、足跟沿地鏟出的特點，只有在膝節有力、襠勁下好、腰勁鬆沈直豎、樁步穩固的情況下才能使動作輕靈。

兩足輪換運轉時，機勢亦毫不停留，動作需帶弧形，始終不離螺旋勁，手在旋轉，足部就自然地跟著螺旋，所以有「足隨手運」的說法（試以陳式老架的雲手為例，闡明其練法過程和呼吸與動作配合的方法）。

雲手時，左足向左橫開一大步，弧形起落，重心移至左足後，右足隨著亦弧形橫開跟上一大步，而當右足將至左足邊，復需自上向右轉回些而落地，必如此方見運行無直步；其上下相隨的手與足的螺旋勁運轉為：當左足開步，左手順轉一圈時，從右脇側起的前半圈左手（掌心斜向內上）由右側經面前（高不過頭）往左運轉過程中，內勁由腋裏邊向外斜纏到手指，先大指，依次至小指，漸漸貫勁充足，左手運至左前斜角時掌心已轉向下，已至陽極陰生之際，為順纏到逆纏的轉折點，都是叫做順纏，為呼、為開、為發勢；後半圈左手由外收回來，下行運轉（低不過胯）至右側上方，內勁則自外斜纏到腋下，這叫做逆纏，為吸、為合、為蓄勢。右手之運轉亦然。至於兩足運勁，左足前半圈由胯根內向外纏到左足趾為順纏，回來自外向內纏至胯根為逆纏。右足亦然。表現在膝節往外和往內旋轉上（內指向襠內而言，外指向襠外而言）。

橫開步時，以足尖先輕落地，然後全足踏實，當全足踏實時，另一足的足跟離地，準備移步，這樣兩足似踏蹺蹺板一起一落（雲手在陳式中也抽出單練發勁，雙手回環，向左右反覆橫抖，以風聲呼呼，勁力猛透為合度，其技擊作用為下部套住對方前足，上部雙手螺旋橫打，是跌打兼施的方法）。

凡前進的腿，需先提大腿，以膝帶起足跟，足尖斜向下垂，腳面不可繃緊，再由屈而伸，緩緩邁出，足尖由下垂漸變為上翹，足跟先輕輕著地，然後足掌和足尖落地，全面落實。

做雲手時，橫行前進的腿則需先輕落大趾尖，然後足掌足跟落地，全面落實。

凡後退的腿，需先提大腿，以膝帶起足跟，足尖斜向下垂，腳面勿繃緊，再緩緩後伸，先輕落大趾尖（實腿支撐力不夠的可先落足掌），然後足掌和足跟落地，全面落實。

凡後腿向前移半步靠近前足，不向前邁出的，稱作跟步。凡是這種步法小的式子，前後足跟必須在一條直線上對齊。

這是腿法進退時「由點及面」的練法。腿部的旋轉作弧形，原來在技擊作用上能起到套腿、勾腳、蹬膝節、踩臁骨、踏腳面、點軟隙等作用，同時也有消化對方使用套、勾、蹬、踩、踏、點等防禦和還擊的作用。

這種出腿走弧形、劃圓圈、足尖上翹或下垂、左旋或右轉的練法，極為有利於活動足部的關節，暢通經絡，保持和發展腿部關節的柔韌性和靈活性。足跟的提起和下落，左旋和右轉，足尖的上翹和下落、外撇和裏扣，不斷地錯綜地貫串在套路動作之中，動作圓轉自如，形象上也極為優美。不但使踝關節訓練得靈活，也可以預防和矯正扁平足，這對中老年人特別重要。由此也可以證明技擊性、體育性、藝術性和醫療保健性是可以統一的（其差別主要在於運動量的大小和動作繁簡）。

足尖的上翹、下落、外撇、裏扣、前進、後退，都需由拇趾領勁。轉動時足尖的指向，關係到胯根掌開（放鬆髖關節）和運動量的加大，因此必須逐勢研究。例如，楊式攬雀尾的上步，當右腿提起準備前進時，如果右足尖斜向左方或左前方，而不是直對前方的話，那麼胯根撐開便受影響，兩胯根會形成夾緊的人字形，身法也會微偏向左，而不是對向前方。因此，不能認為足尖的指向無關重要，而不去注意足尖在每勢轉動中和落點的定向。須知，肢體動作是互相關聯的，互相制約的，細微處不注意，也會影響整體動作的準確性。

太極拳的上肢動作，是以手領肘、以肘領臂的，下肢則是以足領膝，以膝領股的，其關鍵全在以手指尖、足趾尖領住運行，手尖、足尖輕輕領住手足運行；不可犯硬，犯硬則不能輕靈；胸腹也要隨手足運轉，上下相隨，一氣貫通。當足尖正對前方時，雙手的指向也需對向前方，視線也集中在前方，這也是「上下相隨」的要求，目的在使上下左右的動向一致，加強周身團聚的合力作用。

凡邁步成弓箭步的，左前弓的需邁出略微偏左，右前弓的需邁出略微偏右，不使前後足對正站在一條直線上，以免站立不穩，引起上體姿勢緊張。倒攆猴（倒捲肱）的退步也須左前足後退時偏左落下，右前足後退時偏右落下，不使前後足站在一條直線上。這樣進退時較為穩便，步法也走成淺弧形，站姿勢也穩當、不緊張。步法總以進退方便、站立穩當、胯根撐開為合適。

進退轉換時，還須注意身法的穩定，並不可有忽高忽低的情形，這樣一方面可使運動量自然增強，另方面也可避免邁步變大或變小，失去原定步型的度數。

五、關 節

人體幾百塊骨頭，都靠關節的連結來負擔重量和進行活動。太極拳要求在動作中用意識來放鬆關節，拉長韌帶，增強其彈性和靈活性，使動作能夠達到「從心所欲」的「節節貫串」，同時，還要求用骨節對準的方法使關節鍛鍊得更為滑潤而穩固，並使骨與骨之間能夠更好地分擔重量，從而增強力量和耐力。因此，太極拳對關節的訓練也是時鬆時緊的（鬆的時間長，緊的時間短）。

初學太極拳時，應該多從鬆開關節著想，把幾個大關節先鬆開來（如肩與胯的關節），以便更好地帶動手、腿等關節的活動。脊骨，特別是胸脊和腰脊的鬆開與貫串尤為重要，腰脊命門穴（前平臍）為全身重心所在，是調節全身動度的關鍵，

「主宰於腰」、「刻刻留心在腰間」兩句話，不僅指的是兩腰腎的抽換，也指的是命門穴的主宰作用；胸背部左右二十四根肋骨要節節往下鬆，由外往前合，武禹襄在《身法》中把這稱作「護肫」，這有助於氣聚小腹和帶脈（腰部周圍的一圈）的充實。

此外，要在全身放鬆的要求下來逐步鬆開各個關節。由於太極拳是一動無有不動，在腰脊聯合的原動力下帶動四肢進行螺旋形的上下左右伸縮動作，從節節貫串中起到引長身肢的作用，因此，鬆開全身關節是有可能的。在定式時還特別要注意骨節對準，所以陳鑫說：「骨節要對，不對則無力。」骨節既求鬆開，又要虛虛對準，使內含騰挪之意，才能全身節節貫串，勁整而靈動。這就是「節節鬆開，處處合住」的要求。

四肢關節還要求曲而不直，留有餘地，不能挺直和彆扭，這樣才符合「勁以曲蓄而有餘」、「鬆開我勁勿使屈」的要求。只有在曲蓄而有餘的姿勢下做到靜則俱靜，動則俱動，並要在開中寓合、合中寓開的要求下轉換內勁，這樣才能練到「觸之則旋轉自如，無不得力」；將來在提升推手技巧上，可以做到處處是蓄勢，處處能放勁。前輩太極拳名家，在技術上達到「但依著何處，便以何處擊之」的境界，都是從蓄勢上發展而達到的。

每勢定式時，周身一齊合住勁，各關節對稱地左右合住，上下對齊（如手與足、肘與膝、肩與胯、兩乳與兩肚角對齊），開則俱開，合則俱合。在整個拳套一開一合、一虛一實的不停運轉中，關節和肌肉一樣地，得到時鬆時緊的有規律的適量的運動（太極拳的鬆是自然地放鬆入於柔，緊是由於放鬆後自然地轉緊入於剛，須細心體會）。

練太極拳注重「以心行氣」，要求「行氣如九曲珠，無微不到」，也要求「斂入脊骨」，就是要求「氣」能貫注充實到骨膜和骨節間的隙縫中去，所以，要全身骨節鬆開，又要虛虛對準，首先要使脊柱和幾個主要活動關節鬆開，虛虛對準，含有騰挪之意，這樣才能節節貫串，既勁整又靈活。陳鑫說的：「入於骨縫，外達於肌膚」，同樣是「行氣無微不到」、「內氣潛轉」的要求。

上面列舉的身體各部位姿勢的要求，是貫串在整套太極拳動作之中的，它們是互相聯繫、互相制約的，某一部分姿勢不正確，就會影響到其它部分姿勢的正確。

初學時，必須逐步把各部位姿勢認真地分節分動地安排恰當，要相順相隨，避免互相牽掣，也就是說，要在手型手法、步型步法、身法和眼神等基礎功夫上打好初步基礎。開頭經過反覆練習，逐漸在連貫動作中把各部位姿勢都能恰當地配合，掌握動作中的速度、路線和方法等，就可以逐漸達到立身中正安舒，不偏不倚，無過不及，動作連貫圓活，上下相隨，周身協調，由生到熟，熟能生巧。這是逐步提升技術的必然過程。

「拳打千遍自然熟，拳打萬遍神理現」（指一個年度內練拳千遍以至萬遍而言），明確指出凡是強度、密度、運動量越大，則技術的進步也越快。前者僅是「自然熟」，而後者則是「神理現」。

為了初學者便於記憶，便於檢查，將各部位姿勢的要求歸納為下列十二項：1.心靜體鬆；2.中正不偏；3.虛領頂勁；4.氣沈丹田；5.含胸拔背；6.沈肩墜肘；7.坐腕舒掌；8.鬆腰收臀；9.尾閭正中；10.屈膝鬆胯；11.步分虛實；12.上下一線。

練習時邊練邊檢查，反覆檢查，不斷糾正，把毛病去淨，姿勢正確的要求就達到了。古人所說的：「功到自然成」，不能誤解為盲目瞎練，而是要按照嚴格的要求，循序漸進，反覆練習，發現錯誤，改正錯誤，不斷總結和提升來達到的。

第三章

太極拳整體動作中的要求

太極拳整體動作上的要求，也叫做鍛鍊要領。各派太極拳雖各有其具體特徵，但其鍛鍊要領，基本是一致的。有些要領在上一章中已經敘述過，這裡只概括地再說明一下其內容，以便對太極拳能具有一個全面的概念。

練太極拳時，始終要保持心平氣和，始終要「鬆靜」，身體要端正自然，頭頂（百會穴）同會陰（兩便之間）要始終保持垂直，避免挺胸、凸肚、低頭、彎腰、弓背、露臀等現象；呼吸要自然，逐漸運用腹式呼吸，始終保持腹實胸寬狀態，轉動時也不要破壞身正體鬆、腹實胸寬的狀態，使身體下穩重，上靈活。

練拳時始終要精神集中，用意指導動作，動作要輕鬆柔和，不可用拙力；動作要旋轉作弧形或作環形，逐漸做到各個關節和肌肉群，都能一動無有不動，動作協調；動作要均勻連貫，綿綿不斷；姿勢和動作，處處要求圓滿，不使有凹凸缺陷之處。

要以腰部的軸心運動為綱，腰部要鬆沈直豎，不軟塌，不搖晃，微微旋轉，帶動四肢運動。

頭要正直，虛靈上頂；目光要隨著主要的手轉動而前視；頸項要隨目光轉動，鬆豎而不僵硬；口唇要自然合閉，下頜微向裡收，舌尖上捲輕抵上腭，使唾液的分泌加強；養成呼吸以鼻的衛生習慣，這樣，能使練拳時喉頭不致感到乾燥。肩要鬆沈，肘要鬆墜，肘節微屈；腕要靈活有力，指要舒展；要含胸拔背；亦即胸肌要放鬆，胸腔微向內含，不凹不凸，術語稱作「含胸」；背肌也要放鬆，脊柱要節節鬆沈直豎，背脊兩肩中間骨節（大椎）微有鼓起上提之意，使這部分皮膚有綳緊的感覺，術語稱作「拔背」。「含胸拔背」有助於「氣沈丹田」，能使腹部在放鬆狀態下極為充實。

兩腿要分虛實，胯根要鬆開，膝關節始終要保持微屈。動步出腿，須將重心先坐穩於一腿，胯根微向內收，身體中正地微向下蹲，然後另一腿緩緩伸出；過半路才身體略微站高（但不可顯示忽高忽低的現象）。隨著重心的緩緩移轉，兩足交替支持重心，以保持全身的平衡。

做到每勢定式似停非停的時候，腰要在鬆沈直豎中略有下塌之意，脊柱節節往下鬆沈，大椎微有鼓起上提之意，使有上下對拉拔長之勢。胯根要撐開撐圓，意思要上貫指尖，下貫足尖，胸部寬舒，腹部鬆靜而又充實。要鬆肩墜肘，手臂要有往外延展膨脹而又微往下塌的意思，使內勁逐漸增加，輕靈沈著而不犯飄浮或僵滯的毛病。

目光經由主要之手的中指（或食指）前視，眼神要照顧上下兩旁；耳要靜聽身後，內勁只能貫到九分，神氣要貫到十分。

肩與胯要保持垂直，肘與膝上下相應，手指尖與足趾尖上下相應；前手指尖與後手指尖遙相呼應，前足尖與後足尖遙相呼應；上下、左右、前後互相呼應合住。外形上要求自然合住，神氣尤須先行合住，開則俱開，合則俱合。姿勢要圓滿、舒展、嚴正、不散漫、不萎縮。架式開展的要做到在開展中不顯得散漫，架式緊湊的要做到小中見大，不顯得萎縮。立身要中正，精神要蘊蓄。

凡是逢前手指尖上對鼻尖，下對足尖的姿勢，術語稱作「三尖相對」。任何姿勢，必須肩與胯合，肘與膝合，手與足合，術語稱作「外三合」。

每一姿勢的起承轉合，著著貫串，處處合住，其中主次先後，要細心體會，辨別清楚，尤其在動作中間不可有停頓之處。內外、上下、左右和前後要協調一致，不先不後，要做到「上下相隨」，「一氣貫串」，「一氣呵成」。

練拳時一個姿勢要接著一個姿勢，要滔滔不絕，連貫圓活，愈練愈鬆愈慢（慢以氣勢連貫，呼吸自然，動作不停斷為度，過慢則神氣散漫，周身有呆像），使呼吸逐漸加細、加深、加長、加勻，內臟逐漸充實，腿力逐漸穩固，體力逐漸增強。

練太極拳的「心法」，可以抽象地概括為「靜鬆正圓舒匀輕穩」八個字。靜是摒除雜念，精神集中；鬆是內外放鬆，暢通氣血；正是端正不偏，不俯不仰；圓是旋轉柔順，內外協調；舒是大不散漫，小不萎縮；匀是快慢均匀，緩急從心（初練時動作不論快慢，不失其「等速性」，謂之匀）；輕是舉動輕靈，不僵不滯；穩是虛實變換，處處穩重。

架子分高、中、低三種。架子高低，要根據練習者的體力條件和熟練程度來決定。太極拳運動量的大小，決定於架子的高低和快慢，高而快的練法運動量小，低而慢的練法運動量大。運動量的增加要循序漸進，並根據進展情況及時加以調整。

練整套拳時，在開頭確定了高、中或低的架子以後，就要始終保持一個水平，不要忽高忽低。

要求提高技術水準，而體力條件許可的人，應逐步提高運動量，不應滿足於輕鬆舒服的練法。輕鬆的練法是療病保健的練法，對提高技術水準幫助不大。

提高運動量的方法有兩種：

一種是主要把胯根的高度放低（胯與膝平的練法，膝關節負擔量極大），運動保持一個水平，不忽高忽低，不偷巧借力，速度要均匀，虛實變換要分清、落實，特別在每逢動作轉換時要把胯根內收放低，身微下蹲而姿勢保持中正，這樣腿力能特別增強；

另一種方法是把拳套一次接連練習兩遍，三遍、四遍以至十遍（以陳式為例，傳統的下苦功練法是一次連續練十遍，其時間約為一小時至一小時二十分鐘），並注意練法的正確性。

這兩種方法可以並用，也可以單用，因人而異。過去有些老拳師，日練三次，每次十遍，堅持了二十年之久，故其功夫深厚，精微巧妙，獨步一時。凡是經過傳統的勤學苦練方法，技術上都有出類拔萃的成就。

一、心靜用意

練太極拳最重要的原則是「心靜用意」。這指的是在運動時，思想集中心神專一，意識不斷地指導動作，並且靈活變換，使任何動作都有一定的指向，沒有顧此失彼的亂動。這個原則應該始終貫串在整個練拳過程之中。

㈠、用意指導動作

練太極拳時，未動之前，端正姿勢，呼吸自然，存想丹田臍下小腹部，摒除雜念，處於一種無思無慮狀態。自覺全身安排妥當，已經心靜氣和，然後開始動作。既動之後，全神貫注地不斷用意來指導每一動作的正確性、連貫性和圓活性，動作過程中內部與外形的開合虛實和旋轉變換務求上下相隨，內外合一，意想勁到，動必合法。

太極拳家把精神鍛鍊和肉體鍛鍊看作同樣重要，甚至把前者看得更為重要，提出了「用意不用力」的最高原則，使所有動作在意識連續貫注下輕輕運動，不使拙力，從而提高鍛鍊的效果（這個「心靜用意」的原則，太極拳家稱作「練意」，結合「練氣」（腹式呼吸）、「練身」（運動肢體內外），構成了太極拳鍛鍊方法上意識、呼吸、動作三者密切結合的整體性和內外合一性，成為一種優越的拳術）。

練太極拳所以能夠治療各種慢性病，能夠增強體質和使精神煥發，保持工作能力和延長壽命，其根本原因首先在於「靜中觸動動猶靜」的原則，對人體所起的良好作用。

練拳時「心靜用意」，需要像做氣功時「入靜」一樣，全部精神要用到動作上去，引導著動作，做到「意動形隨」。例如，手向前按時，先要有向前按的想像，動作即行跟著前去；意欲沈氣，就要有氣沈到腹腔深處的想像。意不中斷，動作也不中斷，這就是用意引導動作的練法。

這種練法，會使練習者本人感到意趣環生，會使旁觀者看來，動作顯得柔和優美，好像行雲流水，風吹楊柳那樣自然、活潑。

初學太極拳時，由於邊想邊做，動作上往往顧此失彼，精神容易緊張，經過一段練習時間，等到動作熟練以後，思想就容易專一，心意自然會靜下來，並且越練越寧靜。

太極拳功夫深，練得非常寧靜的，當表演時，純靜專一、氣勢騰挪（虛靈活潑預動之勢），精神靈動，一片神行，可以把觀眾的情緒安定下來，全場肅靜，專心欣賞。有些人在練拳時把「心靜」練成閉目養神的半睡眠狀態，動作鬆懈隨便，沒精打采，並且把練拳套的時間無限制地延長，也就是，把靜坐功運用到太極拳行功內來了，這和練太極拳「靜中觸動動猶靜」、提起精神、一氣呵成等要求是不符合的。

㈡、練太極拳多年後的內體感覺

如果能夠認真做到心靜用意，長年堅持練太極拳，則會使有關部位的神經都處於一定程度的興奮狀態，導致氣血循環加速，經膜和毛細管擴張，開頭會出現發熱、發脹或出汗，手指肚平時比較飽滿。

進一步會出現有如螞蟻爬行般的刺癢感覺；手足運動時有如小棍撥水似地簌簌抖動的內體感覺；運動時手指肚似有無數針尖往外發射的感覺，會陰、湧泉等穴位和小腹部有震動和衝擊的感覺。

另外，隨著動作的伸縮旋轉，腹腔內氣流咕咕作聲，旁觀者也可以聽到。這些暢通氣血的現象會逐漸消失。經歷這些暢通生理現象以後，逐漸會清除這種景象，但是，其後練拳的興趣更濃，體內融融和和，體會到有空鬆圓活的意趣，時常感到有另一番意味，練拳就欲罷不能了。

上述種種反應不可追求，練到一定功夫自然會產生，而且因人而異。有的人就沒有反應；如果勉強追求，會有流弊的。

二、身法中正

㈠、上下一條線

身正指的是身法中正，「上下一條線」。太極拳的身法，主要是「立身須中正安舒，支撐八面」，處處不使身體各部散漫失中，要表現出中正、大方、嚴正、舒展、和順的形象，符合「心靜用意」的靜態要求。

王宗岳《太極拳論》說：「虛領頂勁，氣沈丹田，不偏不倚。」《十三勢行工歌訣》上說：「尾閭正中神貫頂。」這些都表明太極拳的身法必須「上下一條線」，表明練拳時不論前進、後退、左旋、右轉，四肢動作不論如何轉換，自頭頂、軀幹至會陰，始終要形成一條垂直線。凡是身向前俯、後仰、左歪、右斜，失去重心垂直平衡的，都是身法上的缺點。

「上下一條線」的關鍵，在於用意使脊柱保持垂直狀態。練太極拳時脊柱要求節節鬆沈，而又上下節節虛虛對準，以意貫注其間，使骨節間圓潤靈活，整個脊柱極為堅強，來調節動作過程中的不平衡，使之趨於平衡。

用意使脊柱保持垂直狀態，不但外形上中正，而且可使脊柱得到微微的屈伸運動。在動作過程中，兩肩與兩胯，兩乳與兩肚角上下對齊，齊進齊退，不先不後，始終保持「上下一條線」，完成「中正不偏」、「上下相隨」的要求。

㈡、中正不偏和中正之偏

太極拳身法的中正不偏，同靜坐時身法端正是一致的。保持軀幹正直，對老年人特別重要，上身前俯，頭向前傾，彎腰屈背，失去虛領頂勁，這是衰老的象徵。書畫家認為，「身正則筆正」，「筆正則字正」，因此他們不論在工作或平時，都是正襟危坐，軀幹筆挺。從前太極拳名家楊祿禪的老師陳長興，無論坐、立、行動、練拳、推手，身法總是保持中正不偏，當時人們稱他為「牌位大王」（立身如牌位的直豎）。

但是，練拳不能不有伸縮，身法有時也要歪斜，有時彎腰幅度極大，但只要仍然保持上下相隨的虛實劃分和「百會、中極，一氣貫通」的原則，還是許可的，這是所謂「中正之偏」，內勁仍然中正不偏。

例如，吳式的弓步動作，是要求身體適當前傾的，但並不彎腰，從肩到後腳要求保持一條斜形的垂直，這時的要求是從頭到前腳要保持一條垂直線；坐身式也是要求如此，因之腰肢並不豎直，身法上顯得往後斜形地垂直。

這是吳式身法上與陳、楊、武、孫四式不同之處，這是「斜中寓直」、「中正之偏」的一種身法。但如果練成彎腰、軟腰，就不能上下一氣貫通了，如果練成前傾過度，就不能「中正安舒」了。

㈢、虛領頂勁　尾閭正中

太極拳身法的輕靈、空鬆、圓活，全憑腰、胯、胸的運轉和協調動作，使在任何角度上都能夠保持全身的平衡；進退，旋轉，不論手足如何伸縮，身法必須保持中正。最忌前俯後仰，彎腰屈背。拳術界有句成語：「低頭彎腰，傳授不高。」太極拳也不例外。

「虛領頂勁」和「尾閭正中」是太極拳身法中正不偏的標誌。「虛領頂勁」也叫做「提頂」，頭頂百會穴輕虛地往上領起，似乎頂著一個份量不大的物件，與臀部的尾閭脊骨成垂直，有對拉拔長的意思，這是身法中正的首要條件。由於尾閭負擔上體重量並作為動作定向的舵手，因此「尾閭正中」在「立身須中正安舒」中起著關鍵性的作用。

所謂「尾閭正中」的練法訣竅，就是尾閭脊骨根向前托起丹田（小腹部），並且脊骨根要向前對準臉部中間至臍的一條垂直線，凡動作向何處轉動，脊骨根便須直對何處，等於對動向起著舵手的作用。這樣，在轉動時也就能夠處處保持「尾閭正中」，身法也就始終能「中正不偏」。

㈣、含胸拔背　氣沈丹田

按照上述「尾閭正中神貫頂」的練法，身法是中正不偏了，但如果沒有「含胸拔背」和「氣沈丹田」的協調動作，胸部就會直僵僵地得不到運動，腿部也只有隨著腰部的左旋右轉而左右旋轉，得不到一升一降的上起下落的弧形運動。所以，要有「含胸拔背」和「氣沈丹田」的練法來擴大它的活動。

「含胸」是在兩肩鬆沈下（陳式太極拳主張兩肩骨於鬆沈中還需微向前捲），兩肩中間胸前的兩根鎖骨也往下鬆沈，肋骨自然也節節往下鬆沈，胸腔微向內含（但含度不宜過大，否則成為凹胸、猴胸）。

「拔背」是兩肩中間的背脊骨，特別是大椎算起的第三根脊骨，有微微鼓起上提之意，兩肩胛張弛靈活，這部分皮膚有繃緊的感覺，但不能練成傴背凹胸的病態姿勢，那就不符合「中正安舒」的原則。

左右兩側胸肌鬆弛地弧形下沈，外向前合，焦點有匯合集中於腹前的意思，在身法上稱作「護肫」。

兩肩中間胸前的兩根鎖骨要用意來固定它。鎖骨管著兩手，能使手臂在肩關節鬆活的情況下，加強肩背部肌肉群的伸縮力量。由沈肩墜肘，可以使手臂在伸縮旋轉時加大力量；鎖骨被用意固定，使得手臂的動作定向也易於做到正確。

練拳時如果刻刻留心「意守丹田」，腰部鬆沈直豎，那麼，下部自然有穩重的感覺；胸背部分的肌肉和骨節，用意識加以控制盡量鬆舒下沈，則自然就會有「含胸拔背」姿勢的形成。「含胸拔背」時內部橫膈向下舒張，自然地形成橫膈式的呼吸，可以幫助氣沈腹部，使上體輕靈，下體穩重，它不同於挺胸的上重下輕。胸膈的一張一縮，腹腔臟器受到有規律的時緊時鬆的腹壓運動，則有利於輸送血液和內臟的機能活動。

「含胸拔背」和「氣沈丹田」，是太極拳身法上始終需保持的，是氣不上浮、重心穩定的關鍵。在手法引勁回收和手法運勁前進的時候，胸肌、背肌在伸縮著，但「含胸拔背」的基本狀態不變，這樣一開一合，一呼一吸，可使胸背部的肌肉、骨節和韌帶得到鍛鍊，而仍保持周身勁整的要求。

「勁貫脊中」、「力由脊發」、「牽動往來氣貼背」等語，即指「含胸拔背」而言。「氣沈丹田」也不能理解為始終氣聚腹部，要通過一呼一吸，起到「氣宜鼓盪」的作用，這樣才不致於有硬壓丹田的流弊。

拔背是兩肩中間的背脊骨有微微鼓起上提之意。嚴格按照要求練拳時，脊柱在中正不偏的狀態下，即可得到微微的屈伸運動，可以起到暢通經絡、調整陰陽、調和氣血、開通閉塞的作用，對促進機體的消化機能和新陳代謝等都有顯著作用。

沈肩墜肘能幫助含胸拔背的自然形成，如果肩節聳起，肘節上抬，就會破壞含胸拔背的姿勢，從而影響到氣沈丹田。

含胸拔背在技擊作用上具有加強蓄勁與發勁的功能，在沈肩墜肘的配合下，可以充分發揮蓄發相變的技巧。

三、內外放鬆

㈠、從輕緩中求得內外放鬆

肢體內外充分放鬆，是和心靜用意同樣重要的一個原則，是貫徹「用意不用力」、「減少動作時用力不當的重要措施」。運動時，在心靜用意的前提下引導肢體內外各個器官機能、關節和肌肉、皮膚的放鬆，逐步做到全身不該用力處毫不用力，內外各部分無一處不鬆。

陳鑫的拳論中說：「沿路纏綿，靜運無慌，肌膚骨節，處處開張。」這就是說運動時要心靜不亂，動作輕靈細膩，肌肉、皮膚和骨節沒有一處不放鬆的地方。

動作輕緩可以逐步體會和糾正全身內外有不放鬆之處，因此，練太極拳是從動作輕緩求得內外放鬆的。透過長期內外放鬆的鍛鍊，在快速動作中也可保持內外放鬆的狀態，這就是通常說的，在緊張情況下的從容不迫。放鬆的鍛鍊方法對療病保健極有效果。太極拳這一技擊性極強的拳種又能夠成為應用在醫療上的體育方法之一，心靜用氣，內外放鬆是重要的因素。太極拳的放鬆，不限於肌肉、皮膚和骨節，它要求中樞神經系統、內臟器官機能都要同時放鬆，亦即要求全身內外都放鬆。這種內外合一的鍛鍊方法，好處很多。

第一，可以不引起情緒上的緊張；

第二，可使腹式呼吸和橫膈運動不受牽掣，在療病保健上和技擊上都可以發揮更大的作用；

第三，「肌膚骨節，處處開張」之後，氣血周流無滯，能加強節節貫串的作用，使機體產生彈性，促進血液循環，使氣血暢通，起到恢復和增進健康的作用；

第四，皮膚觸覺和內體感覺的靈敏性，動作上的順遂和圓活性都能獲得高度的發展；

第五，全身肌肉、骨節由於放鬆而自然下沈，發展了下肢的支撐力，胸背的肌肉肋骨節節下鬆，外向前合，有助於沈氣，穩氣了重心，加強了合力；

第六，能夠發展力量和速度，因為只有全身處處放鬆了，力量才能毫無阻礙地迅速地集中使用，動作才能毫不滯鈍地圓活地加快速度。

因此，放鬆有助於做到重心穩定、支撐八面的「靜如山岳」和動作靈敏、滔滔不絕的「動若江河」。

㈡、放鬆能夠提高力量、耐力、速度、靈敏、技巧

放鬆對於緊張來說是一種休息，放鬆對解除疲勞，積蓄力量，提高力量、耐力、速度、靈敏和技巧，都有直接關係。因此，太極拳要求始終放鬆。

在心靜用意的前提下，引導全身放鬆，是我國古代保健養生方法（如靜坐功、靜行功、氣功等）所採用的主要修練方法，它是跟腹式呼吸結合起來的。因之，太極拳是跟這些養生方法殊途同歸的。而太極拳的優點是，在適當調整運動量的情況下，能分別適應於療病保健、增強體質和練習技擊的不同需要，這也是太極拳的適應性極為廣泛、運動壽命非常長的一個原因。

放鬆是用意的，是積極振作的，不是漫不經心、消極疲塌的。有些人把放鬆體會成軟綿無力，把精神內斂體會為精神不振。例如，手向前按時，不坐腕，指尖不用意貫勁，結果手腕和手指就會軟化無力，虛弱飄浮，特別在轉動時更顯得軟化無力；鬆腰變成軟塌，腰部不是鬆沈直豎；而是腰杆兒挺不起來，以至上身在轉動時左右搖晃，前後俯仰，起不到「腰為中軸」的作用。這都是沒有正確理解放鬆的結

果。不用意流轉貫注的放鬆，要想練成運勁如百煉鋼，何堅不摧的「外似棉花，內似鋼條」的富有彈性和韌性的力量，使身體十分健壯，那真是「緣木求魚」，終無所得。

所謂放鬆，是要消除拙力（僵勁），是要按照規矩用勁，是要以意貫注於動作過程之中，是要按照動作的虛實變化適度地去完成動作。只要堅持「用意不用力」的原則來練拳，就會逐漸產生一種輕靈而又沈重的富有彈性和韌性的內勁。這是一種引人入勝的鍛鍊方法，在練拳過程中逐漸會增多體會，不斷提高鍛鍊情緒，在生理上也能得到良好作用。

太極拳傳統的練法是由鬆入柔（化剛為柔），積柔成剛，剛復歸柔，以至剛柔相濟。最高的要求是「純以神行」，僅看到神的忽隱忽現，連剛柔的痕跡都看不出來。按照上述傳統的練拳步驟和最高要求來看，放鬆不是練太極拳的目的，而是一種達到目的的手段。

㈢、放鬆的檢查

初學太極拳時，首先檢查身體各部分的放鬆情況，以避免怒目、強項、挺胸、聳肩、突肘、拔腰、屏氣和故意抖擻精神等毛病。先做到胸部、一部分肌肉群以及骨節放鬆（例如，肩肘關節和胯膝關節放鬆），然後逐步擴大檢查範圍到全身內外各部分，這是由點及面逐個解決的學習方法。發覺有僵硬不放鬆處，隨即用意引導放鬆。練太極拳時輕輕運動，處處放鬆，好比轉爐煉鋼一樣，將身體內任何不放鬆的僵硬點，在百煉中將它摧毀無遺。

初學太極拳時，有些部分的僵硬和不放鬆大都因姿勢歪斜和鼓勁而引起的，因此，糾正姿勢是檢查放鬆情況的一個重要環節。呼吸不順遂，會引起胸悶和肌肉緊張，這就需要檢查動作和呼吸是否相順相遂。

㈣、放鬆與剛柔

全身放鬆的練習，由於意識的引導和貫注，使動作逐漸和順協調，屈伸旋轉自如，積年累月，逐漸產生出一種輕靈而又沈著的富於彈性和韌性的力量。這時就進入「由鬆入柔」的階段。再通過虛實的變換，輕靈與沈著交互的鍛鍊，加強全身各部分的彈性和韌性，手臂極為綿軟而又極為沈重，全身極為輕靈而又極為穩重，這樣就進入「積柔成剛」，以至「似鬆非鬆」、「剛柔相濟」的階段。這時動作更為細緻，也就是肌肉放鬆和收縮更多交叉進行的階段。

太極拳螺旋式（纏絲式）的身、手、腿同時旋轉運動時，全身各部分肌肉群總是絞來絞去交叉著一鬆一緊的（所謂「有柔有剛，剛柔摩盪」）。由於放鬆的主導思想在支配著，因此，即使是絞緊的一面，肌肉也不是僵硬的，而是富於彈性和韌性的。由於太極拳的特點是「柔中寓剛」，因此，即使在「積柔成剛」的階段，也是放鬆的時間多於收縮的時間，即每勢的運轉過程是輕鬆的，到定式時是沈著的、貫勁的。

拳論上所載「柔過勁，剛落點」和「忽隱忽現」，正是表現太極拳運動的時間與地點的適當運用和變化靈活，即所謂「極柔軟，然後能極堅剛」。這要用意放鬆全身肌肉、皮膚、骨節和內臟器官機能，同時結合腹式呼吸與動作協調，才能做到的。由於太極拳的動作始終螺旋式地內外協調，使全身各部分圓活無滯，不但富於彈性和韌性的力量，還能隨時靈活地集中於某一點，從而就能發展力量和速度，能「動急則急應，動緩則緩隨」。

這種加強彈性和韌性力量能夠隨時集中於某一點的一刹那，稱作「剛」，也就是「放勁」（發勁）時的剛。在楊、武、吳、孫拳式中，到定式時才作想像式地將隱於內的全身之力聚於一點，而在陳式太極拳有許多動作則是到定式時將顯於外的全身之力聚於一點。練太極拳進入到「剛柔相濟」、「忽隱忽現」的階段，高度的放鬆和高度的集中始終是交叉著進行的。

但是，即使在高度集中迅速發勁時，也須有放鬆的感覺。因此，放鬆的原則，貫串在各式太極拳運動的始終，也是保證練好各式太極拳的基礎。這是人們把太極拳稱作「柔性武術」的由來（柔是具有彈性的，加強了軟的力量）。

四、姿勢正確 舉動輕緩

㈠、姿勢和內功

太極拳作為內功拳的一種，它是採取「由內及外」和「以外引內」雙管齊下的方法，來提高運動效果的，既強調「心靜用意」來引導內臟器官和不隨意肌進行活動，並帶動外形，又非常講究姿勢正確和舉動輕緩來配合內動。在意識引導下要求舉動輕緩，不徐不疾，並在動作過程中處處保持姿勢端正，使動作趨於正確，其目的在於深入鍛鍊到肌肉內層，要練到「行氣如九曲珠，無微不到」，使內臟和肌肉的活動精密地協作，「意動形隨」，「內外合一」。每個姿勢和動作同時還要包含技擊作用。「精神貫注，開合有致」，進退纏繞，好像面前有人在推手一樣。

這是內功拳由內發於外，並由外斂於內，內外交修，心身合一的特點，也是靜功和武功的不同點。

初學時，對於每一姿勢和動作的屈伸起落，進退旋轉，其方向、角度、高低和幅度，都要辨別清楚，不能滿足於依樣葫蘆地劃圓圈。教者尤需從運動生理力學上和技擊作用上，來解釋它為什麼要這樣做，以增強學者的興趣和信心。如果貪多求快，囫圇吞棗，動作錯誤養成習慣後，成為「動力定型」，糾正起來就極為費力，所謂「教拳容易改拳難」，初學者必須注意。

太極拳對姿勢的要求（詳見前章），概括起來，就是動作要以腰為軸，腰要鬆沈直豎地微微轉動，四肢在腰的帶動下輕緩地運轉，在連貫動作中仍然要處處保持姿勢端正：兩肩骨節與兩胯骨節、胸部兩乳與小腹部兩側要上下相隨，齊進齊退，不先不後，這樣，可以處處保持軀幹正直，避免俯仰歪斜；手足的虛實也要上下相隨，形成內勁的中正；尾閭正中地對向胸腹正中的一條垂直線，虛領頂勁，氣沈丹田，含胸拔背，沈肩墜肘，開胯屈膝，上面要兩臂相繫，下面要兩腿相隨，停勢時「三合」（手與足合、肘與膝合、肩與胯合）要齊，有許多式子「三尖」（手尖、鼻尖、足尖）要對。發現有一處不合適，隨即糾正。透過反覆練習，姿勢和動作就會逐漸正確起來。姿勢端正，動作正確，在基本上穩定以後，就可以由外及內，由粗到精，由簡單到複雜，把注意力更多用在內臟器官輕微運動上，來帶動外形，以求得內外一致；一舉一動，勁由內換，軀幹正直而不顯得呆板，動作輕靈而不顯得飄浮，練越細密靈巧。

練拳時輕輕運動，順其自然之勢而運轉，上則以手領肘，以肘領臂，下則以足領膝，以膝領大股，這樣上下相隨地運轉；關鍵全在以手指尖、足趾尖領住運行，手中之氣，僅為輕輕領住肩臂，不可使氣著力，否則終難求得虛靈境界。至於下體之足，僅較上體之手稍重而已。中間胸腹隨手足運轉。動則俱動，上下相隨，一氣貫串。

㈡、輕緩是為了發展重快

太極拳舉動輕緩，是療病保健的有效方法，同時也是增強體質、提高武術技巧中快與重的特殊訓練方法。練太極拳所以要緩慢，就是為了「運勁需無微不到」；開頭就用快速練法，必然處處滑過，做不到處處都能恰到好處。只有練慢的功夫到了一定程度後才可開始由慢到快，快後復慢，既能慢到十分，又能快到十分。

輕是保證全身內外充分放鬆的必要措施。所以拳論說：「一舉動，周身俱要輕靈」，「每打一勢，輕輕運行，默默停止，惟以意思運行」。只有用力越少越好的「輕」的練法，動作才能越練越靈活；不輕就不能鬆，不鬆就不能靈活。靈是輕的發展，在輕的基礎上發展，方能達到「一羽不能加」的高度敏感的「靈」，將來在「忽隱忽現」中兼練沈著的功夫時，也不致於妄動拙力，如此反覆鍛鍊，始能快慢輕重，隨心所欲。

動作緩慢既有利於調整呼吸，使呼吸逐漸做到「悠、長、細、緩、匀」，也有利於仔細檢查動作的正確性和內外的協調情況，也更有利於逐步提高耐力，產生出一種沈重而又靈活的內勁。每一勢終，似停非停，氣機漸運，內勁方才貫注充足。內勁充足，下勢之機勢自生。周身骨節鬆開，以意導氣，貫注於骨縫之中，骨節虛虛對準，使有騰挪之勢，才能節節貫串，勁整而又靈動。

另外，還需於骨縫之中運氣達肌膚之上，纏繞運轉，這樣才能運行無滯，圓轉自如，內勁亦輕而不浮，沈而不滯。拳論說：「動急則急應，動緩則緩隨」，「以靜制動，後發先至」。可見，練太極拳並不是單純要求緩慢的，而是要求既能慢、又能快的。陳鑫說：「慢要慢到別人跟不上我，快也要快到別人跟不上我」，「此拳之運，不貴速而貴緩，緩則可以細心揣摩，由粗及精，且其運勁可以自如運到指尖與否。能如此運，將來功夫成時，其速無比」。太極拳的輕緩，正是為了求得重快。能輕則鬆，能鬆則快；能緩則內勁逐漸增長，不用力而自然沈重。在輕緩有了功夫以後，即可隨心所欲地練快，能夠快而不亂，輕而不浮。

太極拳的動作緩慢，是一種平穩中正的緩慢，肌肉和骨節不是處在某一特定角度下收縮和旋轉，而是用許多不同的角度完成一系列近於靜力性的等張性練習，因此，能發展骨骼的支撐力和肌肉的體積，從而能增強力量和耐力，並能適應各種不同姿勢保持平衡和穩定。

㈢、緩慢的限度

動作緩慢時，腿部需要大力支撐，因此緩慢的練法實際上是大運動量的練法。練過長拳多年的人學習太極拳以後，開頭總是感到腿力不夠，腰背酸疼。因此，對初學者，特別是體弱者來說，開頭不能強調緩慢。所謂練太極拳的初期要求越慢越好，是指練過一段時間，腿力增強以後而言的。並且所謂越慢越好是針對長拳類型拳種，也不能摻入靜坐功那樣強調時間越長越好，而是應該以慢動作沒有斷續和停頓，氣勢不散漫為標準。

按照前輩太極拳家的傳統練法，陳式老架太極拳練一趟為六～八分鐘，楊式大架原為八分鐘，現為十五～二十分鐘。

吳式小架為十二～十五分鐘。總以呼吸自然，不感覺呼吸緊促為標準。如果過慢，不但呼吸和動作不易協調，不能「一氣呵成」，而且精神也不易貫注，容易形成懶散鬆懈、暮氣沈沈的狀態，動作不靈活，有呆像，因此，就不可能做到「氣勢騰挪，開合有致」了。

㈣、技擊作用和練拳

為醫療保健和鍛鍊身體而學拳的，可以不學技擊方法，但知道每個動作的技擊作用，可以增加練拳時動作的正確性，可以使動作有依據、有著落，把多餘的動作和不正確的動作逐漸減除和糾正，就容易練得正確，不至於一舉一動，隨便劃弧，動作完全無定向，漫無標準，也有利於呼吸與動作的配合。因此，適當了解動作的技擊作用，可以增加興趣、幫助記憶，有助於初學者練正確拳套。而愛好技擊者，就必須逐勢研究動作的方向、路線、勁點，轉折的大小，距離的遠近，以及手、眼、身、步的協調等等。每勢的主要攻防方法及其多樣的變化方法亦須仔細研究，特別要從推手反覆實踐中來提升技術，才可避免對拳勢的臆斷之弊。

當然，懂得動作的技擊作用，不等於在練太極拳時要想著技擊作用來練拳。太極拳理論規定，練拳時要「以心行氣，以氣運身」，它是由螺旋式的、抽絲式的動作來行氣運勁的，處處是曲線，處處又是可以隨時轉化為曲中求直性的打擊，因此每一拳式雖然有它主要的攻防作用，但是，它的攻防作用是「隨屈就伸」的，息息變動的。

所以，練太極拳時不應該呆想著固定的技擊方法，而應該著重行氣運勁的虛實變換方面。如果拘泥執著於固定的技擊作用，就會犯「刻舟求劍」的毛病，會影響輕靈善變的提高。

這是太極拳技擊方法上在推手實踐中，具有皮膚觸覺靈敏性的特點所決定的。

五、由內及外　動作弧形

㈠、由內及外練法

太極拳以練內為主，向來有「重意不重形」的說法。但這是對功夫較深者專向靜處練習而說的。傳統的練法是「始而意動，繼而內動，然後形動」，是內動導外形，外形合內動，由內及外，以外引內，最後做到內外合一，表裡一致，「一動無有不動」。武禹襄拳論說「凡此皆是意，不是外面」，「以心行氣，以氣運身」；李亦畬拳論說「緊要全在胸中腰間運化，不在外面」；陳鑫拳論說「外之所形，莫非內之所發」；陳發科說「內不動，外不發」。這些話都是說的「由內及外」、「內外合一」的鍛鍊方法。

內動包括兩個方面：一是內臟、肌肉的動向安排；二是內氣的流轉貫注。都是用意來指揮的《十三勢行功歌》所謂「意氣君來骨肉臣」，武禹襄解釋為「心為令，氣為旗；神為主帥，身為驅使」。這都是內動支配外形的明確規定。中醫理論認為氣血兼顧，以氣為主，認為形體之能抗拒外力，百節之能屈伸活動，是「氣之充也」；認為血的化液濡筋，成髓養骨，也是依靠氣的動力。太極拳以調和氣血、暢通經絡為功能，以纏繞圓轉的螺旋纏絲勁、抽絲勁的技擊方法為應用，其由內及外的鍛鍊方法，各式太極拳家積累了不少寶貴的經驗（現代教授太極拳者大都只講外動，通常只籠統地說「以意識引導動作」，對於內動的方法，則略而不詳）。茲綜合陳、楊、武三家的內動導外形的方法，試舉例以明之。

在「心靜用意」、「身正體鬆」、「舉動輕緩」、「動作弧形」、「上下一條線」等原則下，動作欲向何處，內部即先作好安排。在頂勁領好，樁步穩當之際，如意欲左旋邁步，則眼神先去，直射平視，脊骨節節鬆沈，胸腹內部先微微右轉（眼隨意動，身隨眼動），同時緩緩吸氣，臍下小腹微內收，右側胸肌向下鬆沈，右側腰部倍覺充實，右腰隙（即內腎）下抽落實，似乎托起左側腰隙；胯根撐開，右胯根微向內抽，鬆胯屈膝，逐漸坐實右腿，成右實左虛之勢，是為吸、為合、為蓄。使腰部充實，而內勁由兩腹側向腹前匯集於一點。然後，右胯再微向下沈，左足輕緩地向左前方邁出，步隨身轉，隨即緩緩呼氣，兩胯根更撐開，兩膝蓋向左右分向前挺（膝蓋不宜超過足尖）。隨著重心逐漸左移，左側胸肌向下鬆沈，左側腰部漸覺充實，而其中內勁有弧形向前上折射之意，兩肩中間骨節仍微微鼓起，腰脊命門穴則向後勃，而脊骨根有向前上翻之意，使上下前後有對拉勻稱之意。逐漸坐實左腿，呼氣時部分氣呼出，部分「氣沈丹田」，形成小腹自然外突，是為呼、為開、為發。

這時，左右胸肌隨著鬆沈，牽動著內勁，隨著呼氣，有「外往前合」之意。小腹部兩側的內勁弧形向腹前中線匯合於一點，與眼神和手的動向相一致。

完成這些一吸一呼、一蓄一發的動作，接著又緩緩吸氣，使氣聚於臍下，腹部內收；左胯根微向內抽，左腰隙下抽落實，似乎托起右側腰隙，隨著右足提近左足旁，又緩緩呼氣，小腹逐漸外突，成左實右虛之勢。脊柱和左右胸肌隨著鬆沈，胸兩側肋骨仍是節節鬆沈，有外往前合之意，氣沈小腹，其中內勁由小腹兩側向腹前正中線折射，焦點集中於一點。肛門微緊收，成「吊襠」之勢，這是又一個吸呼、蓄發的動作。

這種內部的上下、左右虛實互換，也是陰陽相濟、陰陽互為其根的具體運用。胸背部分始終要保持含胸拔背的姿態。吸氣時小腹內收，呼氣時部分呼出，部分氣下沈於小腹部。吸氣為四梢「勁回歸丹田」，呼氣為「氣沈丹田」、「勁貫四梢」

（四梢為兩手兩足尖端），由旋腰轉脊，節節貫串地使丹田勁上行者由旋腕轉膀而達於手尖，下行者由旋踝轉腿而達於足尖。

在動作過程中，尾閭始終正中地托起丹田（小腹部分），脊骨根向前對準胸腹部中央一條垂直線，脊骨根有前送上翻之意。動作欲向何處，脊骨根立即對向何處，對動向起到舵手作用（應用在推手，開呼為發勁，打放；合吸為蓄勢，走化）。隨著動作的一開一合，腹式呼吸的一呼一吸，內臟輕微地做上下左右大小不等的弧形活動，可起到自我按摩的作用。氣血沿著經絡、血管系統活潑流轉，外部的形態，手足的變換，隨著內動而運動。周身在運動過程中在不同角度上保持中正、協調平衡、加強合力作用。前進後退，左旋右轉時，肩節始終對準胯節，兩乳對準兩肚角，齊進齊退，身法自然端正，上下也自然相隨。

這種內勁率外形，「由內及外」的練法，關鍵在於腰脊命門穴的主宰作用和左右腰腎的抽換，來支配全身內外動作的協調，無止境地越練越細緻。

這無論在療效上、健身上或技擊上，效果都比單單注意外動的練法為好。這是前輩太極拳家積累起來的寶貴經驗，值得我們加以注意、研究、闡發，並不斷充實其內容。

㈡、動作弧形和螺旋勁

由內及外的動作弧形，是以螺旋式、抽絲式的運勁為核心的，否則由內及外是不可能細緻的，「運勁需無微不到」這項要求是不可能做到的，表現的弧形也是由單純的直勁所組成的，將來在練習推手時也不可能達到「纏繞黏隨」和「引進落空」的高級技巧程度。

太極拳的動作弧形，是內勁做旋繞運轉時所必須有的外形，陳鑫原來把它稱作「纏絲勁」，武禹襄把它稱作「運勁如抽絲」。這是「以心行氣」於骨膜、骨節之間，「斂入脊骨」，再運行於肌膚之上，由內及外，極為纏綿曲折，在大螺旋式和無數小螺旋式的發展路線上，纏繞的進退屈伸而形成為圓形的動作，是太極拳練法的特點所在，也是太極拳練法的精華所在。這對氣血流轉，暢通經絡，肌膚筋骨的全面鍛鍊，從而增強體力，提高「纏繞黏隨」、「引進落空」的技術，有著重要作用。它要求「曲中求直」，處處是曲線、處處是直線，為曲直兩者的統一。

太極拳的圓形運動，好比地球的公轉；在劃圓圈時內勁的旋轉，像螺絲形的纏繞進退，則好比地球的自轉。

㈢、螺旋勁和經絡學說

中醫理論認為，經絡是人體氣血運行的通路，經是比較大的線路，絡是支線。經絡在人體內自成系統，發源於臟腑，佈流於肢體。雖然經絡的實質在人體解剖上還未完全發現，但一般都認為經絡是人體的一種綜合機能系統。

作者為了解太極拳對經絡氣血的作用，一九五八年夏曾在北戴河機關療養院用經絡測定器做過實驗。結果證明，在練拳之後，血液循環加速，生理機能亢進，指標普遍提高，練拳前不平衡的經穴得到了平衡或者改善，證明太極拳對經絡氣血的運行是有良好影響的。

陳王廷說：「縱放屈伸人莫知，諸靠纏繞我皆依。」纏繞運轉，內動不令人知，這不結合導引、吐納和經絡學說是辦不到的。他又說：「到而今，年老殘喘，只落得，黃庭一卷隨身伴。」《黃庭經》「噓吸廬外，出入丹田」的導引、吐納方法，原與經絡學說相通。因此，儘管有關陳王廷造拳的史料沒有提到結合經絡學說，但太極拳結合經絡學說是顯然的。

從前的太極拳名家，大多數都用經絡學說來闡述拳論。

在太極拳著作中，首先闡述運氣於骨節隙縫之中，再運於肌膚之上的是陳鑫。他在《陳氏太極拳圖說》一書中，除了引用易經陰陽學說闡發太極拳的動靜、開合、虛實、剛柔等拳理外，認為每勢以意行氣、以氣運身的螺旋形運轉內勁的纏絲勁練法，完全是根據經絡學說的。他說「凡經絡皆有益於拳」；「官體之勁，各隨各經絡運行」，「無纖悉之或差」；「一往一來運一周，上下氣機不停留」；「衛生之本，還氣妙訣，能善運氣，始能衛其生命」。

太極拳透過「旋腰轉脊」的軸心運動，上行為「旋腕轉膀」，下行為「旋踝轉腿」，形成一系列的空間螺旋運動，周身節節鬆開，而又節節虛虛對準，以意運氣於骨膜骨節之中，運於肌膚之上，纏繞往來，勁貫手足尖端，暢通經絡，神為主帥，身為軀使，氣血周流無滯，從而有著療病保健、增強體質，以及提高技巧的功能。

㈣、螺旋式的弧形動作包含剛柔兩種力量

太極拳每一動作的開合虛實、起落旋轉，都是由一個圓圈構成的，所以陳鑫說「妙手一著一太極」，指的就是練太極拳一有動作，就打一個圓圈，像太極圖的圓圈那樣；同時也指出，在這一個圓圈應該包含有陰和陽兩種力量在旋轉變化，像太

極圖圓圈中的陰陽對立面那樣。因此，在太極拳螺旋式運勁中，在不斷旋轉中有柔有剛，有虛有實，剛柔相濟，虛實滲透，這才是太極拳的「妙手」。「妙手」是一著一太極，動作即圈，圈中有柔有剛，有虛有實，有輕有沈。在劃圈的過程中是在不斷地自身旋轉的，即公轉與自轉結合的（象徵著人體動作符合自然規律）。凡是偏柔或偏剛的都不能稱作太極拳的「妙手」，因為它們都偏於一面，「是從不同的兩極發生的東西」，沒有陰陽的相反相成、互用並存的作用。這個圓圈運動，有全圈、半圓、順圈、逆圈、直圈和橫圈，在整個拳套內錯綜地交織著。動作的前進、後退、上起、下落，左旋和右轉，都要帶有走弧形、劃圓圈的形象。陳鑫說：「所畫之圈有正斜，無非一圈一太極」，「手足運動，不外一圈，絕無直來直去。圈有正有斜，有順有倒，種種轉法，亦各不同，當因其勢之自然者轉之」。

初練太極拳時，轉圈的幅度要大，練習日久後轉圈要逐漸收小，這是「先求開展，後求緊湊」的鍛鍊步驟。圓形的動作是達到和諧與連貫的必要前提。練到純熟後，逐漸達到「得心應手」、「心身相應」的境界，就能夠一動則內外、上下、左右無有不動，一圈無有不圈（外形有手圈、肘圈、肩圈、胸圈、腹圈、膝圈、胯圈、足圈；體內有內臟作輕微旋轉的自我按摩，氣血沿著經絡血管系統纏繞運轉，內外、上下、左右自然柔和地同時協調動作）。「精鍊已極，極小亦圈」；「越小小到沒圈時，方歸太極真神妙」。這是由大圈練至小圈，由小圈練到沒圈；由開展而漸至緊湊，由有形而歸於無跡的最高級技術成就。

由極小的圈練到外形上看不出有圈，是只有圈的意思而沒有圈的形式，這種境界是只有下苦功才能做到。例如，太極拳名家楊少侯晚年練的發勁小架子，僅有意動的運勁，外形看不見有圈，只看見發勁，就是這種高級技術的表現。轉圈不論大圈、小圈、沒圈（有圈的意思，但在外形上不容易看出來的稱作沒圈），都應該有內勁作為統帥。這種內勁是由長期鍛鍊，用意識貫注而形成的，它「似鬆非鬆」，「不剛不柔，亦剛亦柔，似剛非剛，似柔非柔」，「能柔能剛」，「剛柔相濟」，極為沈重而又極為虛靈。

內勁的運轉，帶有螺絲旋轉形狀的纏絲勁，只有太極拳一類的拳才能練出這種內勁。

太極拳的圓形動作，可以柔化對方的力量，並且隨時可以由弧形轉化為直線加以還擊，所以陳鑫說：「胳膊令其骨轉，方能以真勁引動」，也是《打手歌》「引進落空合即出」所根據的原理。孫子兵法說：「渾渾沌沌，形圓而不可敗也。」創造太極拳的人，懂得圓的運用最靈活，圓的力量最大，所以，求圓是太極拳的特點之一，但是，它必須由纏絲式（抽絲式）的螺旋勁來完成圓的動作，否則仍然是直勁的，直勁碰到來力仍然要有頂撞，因此，也就失去太極拳「化而後打」「即化即打」應有的作用。所以陳鑫說：「打太極拳須明纏絲勁，纏絲勁者，運中氣之法門也。不明此，即不明拳」；又說：「拳中必用纏絲者，黏連之法，全在於此；引進之法，亦在於此，不可忽也。功夫久能令人不敢進，進則打之，退亦打之。」

太極拳推手時，在接觸面上不丟不頂，能夠避實就虛地微微一轉，即可發勁，即是螺旋勁的運用。太極拳推手中的擒拿法（推手中的擒拿法，現僅在陳式推手中保持。擒是抓脈、截脈、按穴、閉戶；拿是反筋背骨），在沾連黏隨的基本原則下，「裡纏外翻，下蹋外輾」是以螺旋勁的運用為其特點的。

㈤、內勁發源於丹田

內勁發源於腹部（丹田）。古人以丹田為氣海，每勢完成，必令氣歸丹田。丹田勁如假定以十分計算，用意識將六分勁上行分達兩肩，纏繞運轉至臂、肘、腕、掌，透達於兩指尖。手臂外旋的稱作「順纏」，先小指，依次至無名指、中指、食指、大指。手臂內旋的稱作「逆纏」，先大指，依次至小指。

另外，四分勁往下運行，經胯分達兩腿纏繞運轉至膝、足，透達兩足尖，先小趾，依次至大趾。隨著動作的開展、引伸、呼氣而運轉纏繞到四梢（兩手尖、兩足尖），是由內而外的順纏，稱作纏絲式前進螺旋勁（簡稱進纏）。這就是呼、伸、進、放、開、發勁。

等到內勁貫到九分，神氣貫到十分，姿勢似停非停的時候，動作的開展者轉化為合聚，引伸者轉化為回縮，呼氣將盡轉化為緩緩吸氣，這時內勁之上下行到達四梢者復由原路線纏繞退行至腹部（復歸丹田），是由外而內的逆纏，這稱為纏絲式後退螺旋勁（簡稱退纏）。這就是吸、屈、退、收、合、蓄勢。

纏絲式螺旋勁在陳式太極拳表現得很明顯，外形上纏繞運轉的幅度較大，而其它太極拳流派雖然仍包含有這種運勁方法，可是纏繞運動的幅度小，外形上不太明顯，因而也有人稱作抽絲勁。從現行的陳式和武式太極拳即可看出其區別，這種纏繞進退的纏絲（抽絲）式螺旋勁練法，極其細緻，能夠使全身內外各部分都能在意識引導下得到鍛鍊，對暢通經絡、調和氣血、增強體質，極有成效。

㈥、纏絲勁運轉的經絡路線

根據《陳氏太極拳匯宗》陳鑫著作部分，手與腿的纏絲勁有順和逆之分，凡是順纏勁都是從實腿的腹側腰隙開始，凡是逆纏勁都是從背側腰隙開始，並且主張行氣運勁時注意經絡穴位。作者試驗了陳鑫提供的練法，認為順纏從腹側腰隙開始，逆纏從背側腰隙開始，是對腰隙鍛鍊較為全面的方法，是可以採取的（一般練法腰隙的抽換只從兩腹側開始）。但是，經絡穴位就不一定要去注意它，因為太極拳纏絲勁的練法是要「行氣運勁無微不到」，氣血流轉貫注，對三陰三陽的經絡系統，無所偏倚。如果注意了運轉經何穴位，反而有偏倚，有刻舟求劍之弊。

為了介紹一種新的練法，供愛好太極拳而又通曉經絡學說者的研究和參考，故仍將陳鑫的主張歸納如下。

手順纏勁：（從實腿的腹側腰隙起，裡往外纏為順纏）

內勁由實腿的腹側腰隙上行至日月，達肩井，向肩髃；下行至青靈、少海，經上廉、下廉，達陽池，注五指，或由陽池向大指根從手背再纏至小指腓，裡轉小指肚，依次貫注於無名指、中指、食指、大指肚。指向前合，勁貫九分，神氣要貫到十分，逢虛腿一面的手順纏時，內勁也由實腿的腰隙起，斜行至虛腿一面的日月而運轉。

手逆纏勁：（從實腿的背側腰隙起，外往裡纏為逆纏）

內勁由實腿的背側腰隙起，上循背後膏肓、魄戶、附分逆行而上至肩髃，經消濼、清冷淵，達少海，向上廉，經支溝、陽池，至大指掌，分注五指肚。逢虛腿一面的手逆纏時，內勁仍由實腿的背後腰隙起，斜行至虛腿一面的背側；隨即上行至膏肓而運轉。

手的順纏、逆纏，有一順一逆（右順左逆和左順右逆）、雙順、雙逆之分，錯綜複雜，因勢而異。左右手同時運行，不分先後。

運轉時，須以意輕輕運行，不可著力，不可使氣，著力使氣則犯硬，甚至有流弊。動作越輕緩越好，能輕緩可以揣摩所運之勁從何處而起，到何處而止，柔順中正，呼吸不促，氣血通行無滯。

成勢時，手臂微向前合，微屈不直；不可過，過則無蓄勢，不能滔滔不絕，氣也只能至肘，不能至指；不可太屈，太屈為不及，不及則手臂成直角無勁掤。內勁須得其中，姿勢也須得其中。

手在運轉時，中指領住左右四指，自食指至小指指節駢併，指尖向手背微彎，勁由掌根透於指尖，指方有勁。運轉時，小指擁無名指，無名指擁中指，中指擁食指。大指尖亦微向後彎，虎口要圓。

腿順纏繞：（裡往外上而向下斜纏）以膝頭向襠外旋轉。內勁由腰隙經大腿根裡邊向上而外，經環跳穴，再往裡向下斜纏至足跟（大鐘穴），分注五趾肚。

腿逆纏勁：足平實踏地，足趾與足跟用意沈住，中間湧泉穴要虛，隨著下纏勁，其勁如纏入地下，使有盤根錯節之意；膝以上兩大股用精神貫注，有騰挪之意，則樁步愈練愈穩固而又輕靈善變。

手足一齊運動，中間胸腹隨之運轉，不分先後，必如此運，方能一氣貫通，上下相隨。外之所形，莫非內之所發。

㈦、通三關

太極拳身法上的「立身中正安舒」，與靜坐功、氣功的身法是一致的。練太極拳時，脊柱節節鬆沈，隨著動作的開合，會陰間的襠勁有上翻之意，百會穴虛領頂勁，而氣往下沈，內氣沿任督二脈自然流轉，用功日久後，可使任脈和督脈自然接通。因此，氣功中的「通三關」（尾閭關、夾脊關和玉枕關），在太極拳中是不求通而自通的。

「通三關」應從自然中不求而得，不可著意追求。通了「三關」，全身有舒服融和的感覺。但不必妄求，否則極易發生流弊。在陳式太極拳中，「通三關」的練法舉例也有特定的姿勢。在這種拳式中，任督二脈可以用意交互運接。試舉陳鑫闡明的「閃通背」一式來加以說明，供大家參考。

當頭與肩往下栽時，臀部往上一挑時，則督脈由會陰起，從長強穴逆行而上，過百會以至人中，任脈接住；下行以至丹田，入會陰，是引陽入陰，繞行一周。右手從襠下向上引時，任脈即從會陰起，由丹田逆行而上，以至承漿穴，右手隨身逆轉，手到下，督脈接住，從人中逆行過前頂後頂，由啞門、大椎順行而下，復至長強，入會陰，是由陰跗陽，繞行又一圈。待右足退到左足之後，右手從下上引，則督脈又自會陰經長強逆行而上，已至頭頂百會穴，其時督脈上運已半圈；待下一勢以掩手肱捶合住，則督脈由百會下至人中，任脈接住，由承漿下行以至丹田，復入會陰，是已經繞行三周，閃通背一勢，督脈上下來回三過其背。

(八)、一身備五弓

在陳、武兩式太極拳的口授訣竅中，全身整體勁的蓄發相變是需要一身備五弓的，向無文字記載，今試綜合說明其具體操作方法如後。

一身備五弓指的是，身軀猶如一張弓，兩手為兩張弓，兩足為兩張弓。五弓合一，即為全身的整體勁，「靜如山岳，動若江河」，能蓄能發，滔滔不絕。僅在陳式中見有「身似弓身勁如箭」的記載。

身弓以腰為弓把，臍後腰脊命門穴①始終以意貫注，中定而不偏不倚搖擺，放勁時命門穴必須往後撐。闇門（頸椎第一節）和尾閭骨為弓梢，上下對稱，調節動度，加強其蓄吸之勢（武式的身弓，以大椎，即第七頸椎為弓梢之一，較陳式主張

①命門：張隱庵曰：「督脈循陰器之下，從後腎貫脊在十四椎之間。從命門而入內屬腎，蓋命門乃督脈所入之門，故越人以右腎名為『命門』，謂督脈主陽而右腎屬火也。兩腎中間之命門穴，在十四椎下，前與臍平對。」《類經附翼》：「真陰真陽皆藏於腎。命門總主乎兩腎，兩腎皆屬於命門。故命門者，為水火之府，為陰陽之宅，為精氣之海，為死生之竇。」《景岳全書》：「命門為元氣之根，五臟之陰氣，非此不能滋；五臟之陽氣，非此不能發。」明末醫家趙養揆《醫貫》：「命門為十二經之主，腎無此，則無以作強而技巧不出矣；膀胱無此，則三焦之氣不化，而水道不行矣」；命門「上行夾脊注腦中為髓海，內注五臟六腑。」

的闇門穴的調節動度為小）。

手弓以肘為弓把，以意貫注於肘節，使沈著鬆靜而有定向。手腕和項下鎖骨為弓梢，弓梢必須固定，前後對稱，手在鬆柔靈活中用坐腕來固定；鎖骨用意來固定，不使偏倚搖擺；鎖骨管著兩手的動向，鎖骨的固定是兩手固定的前提。

足弓以膝為弓把，胯骨與足跟為弓梢。足弓備，則膝節有力而微前挺，不可過足尖，胯骨鬆沈而後撐，臀部與足跟齊，臀部之勁要貫到足跟，足跟下沈而勁往上翻，腰腿之勁自然相順相隨。

「有上必有下，有前必有後，有左必有右」，相反相成，對拉勻稱；這樣就能做到勁起腳跟，主宰於腰，通於脊背，形於手指。

五弓以身弓為主，手弓、足弓為輔，易以腰為軸，上於兩臂相繫，下於兩腿相隨；上下相隨，中間自然相隨。每站一式，須檢查是否五弓俱備，是否形成「八面支撐」的蓄勢。

五弓合一是內外整體勁練法的一種。練拳或推手，一動勢如能時時處處五弓俱備，是做到「勁以曲蓄而有餘」的必要條件。

㈨、內　勁

顧名思義，內勁是蘊於內的一種勁。內勁這一名稱，開始見於陳鑫的拳論，他對內勁的實質和運行作了解釋。楊澄甫在《太極拳練習談》中也講到內勁，他認為用時顯有力，不用時無力的，是外面的浮勁，最易被引動，而太極拳所需要的是內勁，不是浮勁。

關於太極拳內勁，陳鑫認為是這樣的；以意行氣，輕輕運動，發於丹田，運行骨縫之內，再由骨縫運於肌膚，貫注於四梢（兩手尖、兩足尖）；復歸於丹田，纏繞往來，輕靈圓轉，逐漸產生一種綿軟而又沈重，外似棉花，內如鋼條的一種勁；功夫越深，內勁的質量越高。

楊澄甫也說：「若不用力而用意，意之所至，氣即至焉。如是氣血流注，日日貫輸，周流全身，無時停滯，久久練習，則是真正內勁。即太極拳論中云『極柔軟，然後能極堅剛』也。太極功夫純熟之人，臂膊如棉裡裹鐵，份量極沈。」這種內勁是輕沈兼備、不柔不剛、急應緩隨，虛實變化極為靈活。武禹襄說的「行氣如九曲珠，無微不到」、「運勁如百煉鋼，無堅不摧」，指的也是內勁的鍛鍊。

太極拳的圓形動作是螺旋形完成的，其內勁是潛移默化地在螺旋式旋轉的，像水銀似地流動，極為快速，在外形上看，極為輕靈而不流於飄浮，沈著而不涉於呆滯，富有纏綿曲折的意趣。推手時如果沒有這種內勁，是不可能將對方引之使來，不得不來；放之使去，不得不去的。郝少如曾說：「內勁初無定向，隨人所動始有定向；如果內勁預先有往左往右、往上往下、往前往後之形，即犯偏沈之病。」這是說內勁須因敵變化中正不偏；太極拳家所以把這種勁稱為內勁，正是由於勁蓄於內，不露於外，剛柔混於無跡。

太極拳之所以需要這種內勁，是和推手的實踐有關。推手如果單憑觸覺靈敏，而缺乏一種渾厚輕靈的「極柔軟，然後能極堅剛」、「運勁如百煉鋼，無堅不摧」的內勁，就很難引動對方，放勁乾脆，相反的容易被對方所引動。

沒有充足的內勁，出手沒威力，化也化不好，發也發不好，想引動對方不能起作用，想化動對方勁又容易被壓扁而身法被破壞。

陳鑫指出：「氣不由中心丹田而發，則氣無所本而失於狂妄；氣不充至肌膚毫末，則功夫短少而氣歉，則外強中乾，必至失敗。此內勁之不可不研練也，果能研練至此，則神乎技矣。」他又說到內勁是無定向而又有定向的，內勁是「至柔至剛」、「剛柔兼至而渾於無跡」，靈活善變的，「善變無形並無窮，無窮功夫在百練，不疾而速真宰，如此方稱太極拳」。沾連黏隨的纏絲勁是推手的靈魂，但必須有內勁作為統帥，方能起到「能匯萬法為一，能衍一法為萬」的作用。

學習太極拳之後，以意輕輕運動身肢，逐漸祛除僵勁，用功日久，指尖漸覺膨脹而有汗液，手臂也漸覺綿軟膨脹，以至不時有麻酸的感覺，指尖也時有針刺的感覺，這是開始換勁的階段，是「舊力漸去，真勁漸生」的開始。再加功夫，手前按時指尖覺有無數微針似乎從指尖內往外透發，背脊和臂腿中似有氣流在靈活快速地纏繞，才算開始打通了「運勁無微不到」的大門。

至於內勁運轉時的輕重、剛柔、快慢、虛實，應該是忽隱忽現的，要靠練者細心體會，靈活運用。每勢的起承轉合（發勢為起、接筍為承、變換為轉、成勢為合）做得怎樣，是否做到了著著貫串（勢與勢間，似停非停之際，內勁漸充，精神團聚，下勢自生，謂之著著貫串），節節鬆開（周身骨節鬆開，虛虛對準籠住，以意貫氣於其中，自然周身勁整而靈活，謂之節節鬆開），以及是否做到了處處合住（合者，一勢既成，合其全體之神，四肢的上下、左右、前後自然合住）等等，這不但要求認真揣摩，並且要多作觀摩，多請教有經驗的人，才能進步較快，而不致在鍛鍊過程中走彎路，甚至發生流弊。

㈩、騰挪與閃戰

騰挪與閃戰，是太極拳技術上的「心法」，是以弱勝強的高級技巧。「閃戰空費拔山力，騰挪乘虛任意入」兩句話，說明了它是以小力勝大力、避實擊虛的方法。

「騰挪」是有動之意而未動，即預動之勢。練拳時氣勢騰挪，腹內鼓盪，有以氣敷蓋對方之意。手法步法，氣勢騰挪，實此以虛彼，虛此以實彼，精神團聚，一氣貫串，有預動之勢，無散漫之意。虛足與胸有相吸相繫之意，不使偏浮，是謂虛中有實。實足並不站煞，精神貫於實股，支持全身，有上提之意，是謂實中有虛。兩手前臂，內中也要有騰挪之勢，始有圓活之趣。鎖骨管兩手，而手與腹須有相吸相繫之勢。郝月如論「騰挪」曰：「騰挪者，即精氣神也。精氣神貫注於兩腳、兩腿、兩手、兩膊前節之間。彼挨我何處，注意何處，周身無一寸無精氣神，無一寸非太極。」能體會騰挪，則虛虛實實、實實虛虛之妙用便愈練愈細巧，所謂「騰挪乘虛任意入」，意即指此。

「閃戰」是，動度極小的避實就虛之法，方向、角度、力點突然轉換，迅速發勁，謂之「閃戰」，也就是富於彈性的一種抖勁。眼、身、手、腰、腿相順相隨，一氣呵成，勁向前發，迅若雷電，一往無敵，乃驚戰之法。其特點是，不與來力頂撞，似挨非挨，突然一轉，避實就虛，善於以小力勝大力，逼使對方有力無所施其技，所謂「閃戰空費拔山力」意即指此。

六、連貫圓活　對稱協調

太極拳要求「一動無有不動」，「由腳而腿而腰，總須完整一氣」，要求做到上下相隨地節節貫串地連貫圓活，並需始終保持整體性的對稱協調。意欲向上，必先寓下，意欲向左，必先右去，前去之中，必有後撐，上下左右，相吸相繫，對拉拔長，曲中求直。茲分述如下：

㈠、連貫　圓活

練拳時起式極為重要。開頭要開得好，起式得勢，以下也容易得勢，起承轉合便覺機勢靈活。每一勢如何起，如何落，需要仔細揣摩。到定式時，必須意識貫注十分滿足，似停非停之際，下勢之機已動。當停而不停的一瞬間，也就是動作極緩時、運用折迭時、引起下勢時，這種勢與勢之間的承接轉換就稱作連貫。連貫就是要求上一動作和下一動作折迭地銜接起來，轉接處微微貫勁，不僵不滯，不使有停頓斷續之處。重要的是意識要綿綿不斷地指揮動作，使所有動作也能綿綿不斷地無限制地像曲線一樣轉來轉去，神氣貫串，毫不間斷。

動作要圓活，亦即動作要圓滿、靈活，在一連串無限延長的螺旋式弧形動作中圓滿地不凹不凸、無有缺陷、不起棱角，變動又非常輕靈活潑。圓滿靈活運用到推手上，要求達到中正不偏、不越界限、不被壓扁、走化黏依、不丟不頂、處處圓轉飽滿、輕靈活潑。這要在意識指導下，呼吸和動作非常協調熟練才能逐漸做到。太極拳家對連貫圓活是十分強調的，如「周身節節貫串，勿令絲毫間斷」、「上著下著，一氣承接，勿令神氣間斷」、「意氣須換得靈，乃有圓活之趣」等等。

㈡、對稱協調的五個規律

太極拳的連貫圓活，必須具有對稱協調的內在質量，才不至於空洞無物，徒具形式。太極拳對稱協調的內在規律，可以總結為五個方面。由於練法細緻複雜，學的人不經過示範和分析是不容易摸索出來的，因此，拳論指出「入門引路須口授」、「仔細留心向推求，得來不覺費功夫」。它的複雜難練處，正是它的引人入勝之處。今試按五個規律舉例說明其具體操作方法供練習者參考。

1.意欲向上　必先寓下

例如，雙掌向後收回，重心後移，吸氣將盡時，為含、虛、蓄勢，轉變為向前按出或向前掤出時，兩肋骨先弧形鬆沈，同時呼氣（部分氣呼出，部分氣往下沈）。胯骨微內收而鬆沈，鬆肩墜肘，兩掌隨著微微弧形下沈，隨著腰腿的前去，隨即腹兩側內勁弧形向前上折射，與兩掌的淺弧形向前上按出或掤出的動向相一致，力點交叉集中於一點。腿勁下沈，過半路略微升高些，身形仍須保持端正，不凹凸、不斷續、不斜歪，動作鬆靜而不僵滯，為開、實、發勁。

這是「意欲向上，必先寓下」的一例。

2.意欲向左　必先右去

例如，欲邁左步，右腰隙即下抽落實，右胯根右抽內收落實，同時吸氣；反之亦如此〔詳見本章第五節之（一）〕。向左或向右轉動時，身形須端正，動作要柔順圓滿，兩肩不可有一高一低的現象。

3.前去之中　必有後撐

例如，身手腿前去時，襠勁下沈，足底著力，而內勁由襠中上翻經脊背透達掌指而直射，腰脊命門穴須後撐；手掌前按，意遠勁長，而手背有內吸後撐之意。這些都是有前必有後的對稱協調的練法，也可說是前後的對拉拔長。目的是為了求得全身不失中正安舒的基本狀態，加強反射力量。

4.上下左右　相吸相繫

例如，左腿輕靈地向左前斜角邁出，右手臂則輕柔地往右後斜角展開，左手臂也緊隨著往右去；兩足尖之間、兩手尖之間、兩足尖與兩手尖之間需上下左右互相呼應，有相吸相繫之意，使動作舒展而不散漫，精神仍然團聚，開展中不失蓄勢，也就是開中有合。邁出的左虛腿，與右胸側有相吸相繫之勢，使虛腿不致偏浮。這是上下左右的「相吸相繫」，來達到「對稱協調」。

5.對拉拔長　曲中求直

例如，脊柱鬆沈直豎，骶骨著力，沈氣於小腹，襠勁下沈，足底勁似植根地下，而頭頂百會穴需始終虛靈上頂，這是「虛領頂勁，氣沈丹田」，「提頂、吊襠」的練法，有上下對拉拔長的作用。這時，上身則含胸拔背，大椎鼓起，下身則小腹前突，背後腰脊命門穴後撐；脊柱節節鬆沈，而又要節節虛虛對準籠住，使能節節靈活而又增強負擔能力。

這是軀幹在正直狀態下保持脊柱「三彎形」的自然狀態，也就是，上下對拉的曲中求直。膝節屈而不直，足底平實踏地，其勁如植地生根而又勁起腳跟，意往上翻；加強地面反作用力；手掌向前伸展，意遠勁長而又要求肩往下鬆、肘往下墜、肘節屈而不直。手往前發，足部蹬勁，這是兩手與兩足對拉拔長和屈中求直。兩手向左右或上下分開，方向相反而互相呼應；兩足的胯根撐開，膝節分向相反方向前挺，都是在纏繞運轉對拉拔長，屈中求直的。

可以說，太極拳是始終貫穿著「對拉拔長，屈中求直」這一特殊規律的。應用在推手的黏化上，身法中正地掤住來手攦化，脊柱鬆沈直豎地隨襠步後移，黏著點作軸心運動的旋轉，讓中不讓地引化來力，腿勁纏入地下，腰襠則在轉換，使對方感到進之則愈長而不可及。

㈢、單練幾個式子易於求得對稱協調

初學太極拳時，雖然懂得「腰如車軸」的中心作用，懂得要由腰脊來帶動四肢

動作，但因為意識還不能有效地指揮動作，要想做到「由內及外」、「上下相隨」的對稱協調還是有困難的。因此，最好抽出一兩個式子來單獨練習（如左右雲手、左右手揮琵琶、野馬分鬃、左右白鶴亮翅、摟膝拗步、左右攬雀尾等），按照要求反覆多練幾遍，把單個的姿勢和動作做得正確。在這幾個單式中，對於上下相隨、綿綿不斷、對稱協調有了體會，做得細緻正確，呼吸和動作也要協調，練其它式子也就容易取得連貫和協調。

反覆單練幾個式子，等於練習步型和步法，鍛鍊了下肢的支撐力和步法的正確變換，也等於做了基本功。然後，再透過整套動作的練習，使身法、步法、手法和眼神的變換，呼吸和動作的協調，逐漸相互配合，達到「內外合一、上下相隨、對稱協調」，使動作自動化。

所謂自動化，仍然是在意指揮下進行的，這是鍛鍊功深後自然獲得的動作自動化，也就是往昔太極拳家所謂功夫「階及神明」的境界。

單人練習發勁蓄發相變和加強爆發力量，傳統的練法都是採用單練幾個式子的方法。這是過去武術家旨在練習技擊的方法。

七、分清虛實 穩定重心

㈠、處處要分清虛實

太極拳的整套動作，都是由虛實、動靜、剛柔相互轉換而形成的整體運動。在身正、體鬆、輕緩的姿勢和動作情況下要求身、手、步都分清虛實，同內部的虛實轉換相一致，因此，太極拳是要求內外、上下、左右、前後都要分清虛實的。

下肢是穩定重心的關鍵，因此首先要注意兩腿的轉換虛實，使動作平穩舒展，中正不偏，沒有搖晃不穩之處。兩腿虛實越練越細緻，就能逐步提高運動量。

待步型、步法熟練，形成動力定型之後，就需要隨著重心的不斷移動，把注意力集中到手法、身法和步法的虛實變換、上下相隨、連貫和諧方面，進一步練正確內外虛實變換的統一，由內部的虛實變換來指揮外部的虛實變換，使能一動全動，和諧協調。這是一種細緻的、複雜鍛鍊方法。

手與足上下相隨的關鍵，在於手隨足、足隨手的上下劃分虛實。在運轉時，有的動作手虛足亦虛、手實足亦實，例如楊式、武式的單鞭式和扇通背式。也有的動作在運轉時左手在上為虛，左足在下為實；右手在上為虛，右足在下為實，例如雲手式。這樣錯綜交互上下、左右劃分虛實，動作就能圓轉自如，無不得力處，內勁也不致偏於一邊而失去原來的中正姿勢。內外合一的虛實變換，還要和呼吸自然結合，這在本章第九節「開合虛實，呼吸自然」中詳加說明。

㈡、穩定重心練法

太極拳穩定重心的方法如下：一是全身放鬆，使全身各部分自然鬆沈，動作和順協調；二是「氣沈丹田」，使胸部緊張狀態轉移到腹部，使胸部寬舒，腹部充實，重心下移，則下肢穩固，上肢靈活；三是「尾閭正中神貫頂」，使身法始終保持「上下一條線」；四是以步法的虛實轉換來平衡重心，以腰襠的變換來調整重心；五是脊柱節節鬆沈，開胯圓襠，襠勁下沈，使下盤穩固，上盤靈活。

在穩定重心方面，步法的虛實互換最為重要。固定的姿勢，是容易做到穩定重心的，但在轉換過程中，由於方向、角度的變動和上下左右協調性不易一致，原來穩定的重心，仍不免有不穩定的現象，會影響動作和呼吸的順遂自然，因而就得主要運用步法的虛實轉換和腰襠的變換來調整重心，使重心從不穩中趨向穩定。

所以穩定重心，首先要從步法的虛實轉換上著眼，要做到邁步輕靈、穩當、柔順，像貓兒行路那樣。拳論所謂「進退須有轉換」、「步隨身換」，就是指身法有轉換，步法的虛實必須隨著轉換，借使前後左右有同等支撐性和同等穩定性來穩定動作變化時的重心。

但是，光靠步法的虛實轉換來穩定重心還是不夠的，還必須和腰襠的變換協調起來，使上肢與下肢的動作協調、平衡，在任何角度上都能保持重心穩定。這是上下相隨，內勁得到中正的關鍵。

㈢、腰 襠 勁

腰襠是調節動度，加強爆發力的關鍵。腰要鬆沈直，襠要開合圓。每勢變著換勁和腰襠的變換、開合、虛實，關係到全身的靈動。腰襠堅實有力，關係到力量、耐力和靈敏的發展。脊柱的節節鬆沈，襠勁下沈，是身體穩重、腿部有根、發勁充足的關鍵。但是，即使步法穩固好像雙足釘在地面上一樣，仍要依靠腰襠的變換和堅實。太極拳要求腰部的旋轉須鬆沈直豎地不搖晃擺動，要像軸心那樣穩定而又靈活，要像大纛旗那樣中正屹立。每勢定式時，腰襠須下沈滿足，動勢時須呈弧形微向前上方（或左、右、後上方）而去，自然地催動勁力經脊背透達手臂。

太極拳的抖勁，是一種突如其來的爆發力量。抖勁的特點是快速、氣足、力猛、勁長、動短、意遠。功夫純粹的，手、臂、肘、肩、背、胸、腰、胯、腿都可發出抖勁，這種抖勁是從腰襠勁的迅速一轉而發出的。

太極拳內勁的來源，確切地說，也可說是從腰襠勁而來的。

八、輕沈兼備　剛柔內含

㈠、先練輕靈——由鬆入柔

太極拳動作既要輕靈又要沈著。練輕靈，要動作輕緩，去掉人體原有的僵勁，這段時間越長越好，目的是求得由鬆入柔。然後，再練沈著。

在放鬆、協調打下基礎後，逐漸每勢用意貫勁，視何手何足為主，內勁即纏繞流轉貫注於何手何足，潛移默化，輪流貫注，透達於兩手尖、兩足尖。貫勁仍然用意識作想像，不可用力，也不可練氣；用力和練氣，都失之於硬，一犯硬則轉動不輕靈。停式時的微微貫勁，目的在於求得沈著的內勁，達到積柔成剛的要求。

㈡、輕沈剛柔練法

內勁只能貫到九分，神氣要貫到十分，內勁似乎貫足而尚未貫足的時候，下一勢的機勢隨之發生，動作就接著變動。每勢完成時的「似停非停，停而不停」，是太極拳「勢勢相承，著著貫串」的必要條件。

「勁斷意不斷」，「斷而復連」，即是指的形式上似乎停頓，而意識仍然貫注，內勁仍然在運轉。這樣，練習日久，手臂能鬆柔圓活、不僵不滯，微微有膨脹延展之意。這時，可以更加注意練輕沈結合、柔剛相濟，即逢由實變虛的「蓄」、「吸」時，要注意輕靈，逢由虛變實的「發」、「呼」時，要注意沈著。當然不能絕對劃分，應該體會輕靈中含有沈著，沈著中含有輕靈的意境。

這樣，用功日久，手臂自然會產生一種越來越沈著的內勁，富於纏綿曲折的意趣；沈著中帶有輕靈，輕靈中帶有沈著；輕靈而不流於飄浮，沈著而不犯僵滯。胸腹部分運轉從心，和順舒暢，兩腿輕靈穩健，步隨身換。這樣就幫助了手法上「折迭」和步法上「轉換」的鍛鍊，使輕沈、剛柔，得到交互並練，「周身一家」、「一氣呵成」，不僅手臂「似鬆非鬆，將展未展」，而且全身內外也都如此（似鬆非鬆是一種不柔不剛、能柔能剛的內勁；將展未展是一種開合未定、蓄而不發的氣勢，它是技巧與功力並重的）。

「動作似柔而含剛，精神內藏而不露」，這是「輕沈兼備、剛柔內含」的高級功夫。技藝到此地步，再從虛靜上專一修練，處處體會「空、鬆、圓、活」的意趣，以至最後連剛柔的痕跡也看不出來，只見一片神行，一舉一動，至虛至靈，無跡象可尋，無端緒可指，渾然一太極圓像。

(三)、太極拳不可偏於柔或偏於剛

太極拳為柔中寓剛，剛柔相濟的拳。太極拳之內蘊為陰陽兩種力量，陰變陽，陽變陰；陰中有陽，陽中有陰；陰陽互為其根，不可分為兩橛。裡往外開者，皆屬陽，外往裡收者，皆屬陰。故凡外擊者為陽，內引者為陰。拳勢內，外開者蓄而不發，內收者引而不擊，而擊搏之勁自然藏於引進之中，惟其如此，故愈練而愈精密細巧。剛柔互運、虛實滲透、久練純熟，無端緒之可尋，無跡象之可指，斯為得太極之真諦。

陳鑫說：「運動之功久，則化剛為柔，練柔為剛，剛柔得中，方見陰陽。故此拳不可以剛名，亦不可以柔名，直以太極之無名名之。」又說：「世人不知，皆以太極拳為柔術，殊不知自用功以來，千錘百鍊，剛而歸之於柔，柔而造之於剛，剛柔無跡可見。但就其外而觀之，有似乎柔，故以柔名之耳，而豈其然哉？且柔者，對乎剛而言之耳。是藝也，不可謂之柔，亦不可謂之剛，第可名之為太極。太極者，剛柔兼至，而渾於無跡之謂也。其為功也多，故其成也難。」

在另一古典拳論中也說：「此拳不可以柔名，日久恐流於滑拳也；亦不可以剛名，日久恐流於硬拳也。故直以太極之無名名之。」拳論說：「柔過勁，剛落點」。太極拳是柔中寓剛的拳，剛柔交互為用，又是剛柔相濟的拳，剛柔不能截然劃分；柔非無勁，剛不呆滯；用剛不可無柔，無柔則環繞不速；用柔不可無剛，無剛則摧逼不捷。當柔則柔，當剛則剛；「柔過勁」表示運化，「剛落點」表示發勁。

三百年來，太極拳名家代不數人，然而名人秉賦、傳授、體會不同，功力有深淺，造詣亦有區別，所以有的人剛多而柔少，有的人則柔多而剛少。凡氣形於外，而內持靜重者，偏於剛勢；氣屯於內，而外現輕和者，偏於柔勢。至於「至柔至剛，剛柔兼到，陰陽所存，無跡可尋」的太極拳家，古今都不多見。

為了提高太極拳技術，發揚傳統，更好地指導普及，似應採取措施，有計劃地培養新生力量，虛心向前輩學習，超越前人，把前輩累代豐富起來的經驗提升為現代科學的系統理論，這是當前提倡太極拳運動中一項重要任務。

九、開合虛實　呼吸自然

從太極拳的開合虛實、呼吸自然來考察，就可以證明，太極拳是採用了陰陽學說、經絡學說和導引吐納之術的。開合虛實與陰陽學說有關聯，開合虛實由內動來支配，因此，與經絡學說有關聯，腹式呼吸則與導引吐納之術有關聯。

㈠、腹式呼吸

太極拳採取腹式呼吸，古人稱作「練氣」，即透過呼吸來調節神經、按摩內臟、暢通氣血、促進新陳代謝，因而要求在練拳時做到意識、呼吸和動作三者密切結合。

練拳時，在全身鬆靜、虛領頂勁、立身中正的姿勢下，口唇輕閉、齒輕合、舌舐上齶，進行腹式呼吸。

腹式呼吸有順逆兩種。腹式順呼吸的練法如下：緩緩從鼻孔吸氣，用意引導氣體有徐徐下行的感覺，送入腹部臍下；力求自然，不許使力硬壓。在吸氣過程中，橫膈膜下降，壓擠腹腔內臟器官，腹部隨之隆起，胸廓也自然收縮（術語稱作「提肛」或「吊襠」）；隨即緩緩從鼻孔呼氣。呼氣時橫膈膜上升，下腹部隨之回縮，肛門括約肌自然隨著呼氣而放鬆，一呼一吸，毫不勉強。呼吸時肛門括約肌隨著一鬆一緊（鬆的時間比較長，緊的時間比較短），有助於防治內痔、便秘和遺精等病症。由「氣沈丹田」的呼吸運動，橫膈膜一上一下，帶動內臟做輕微的自我按摩運動，促使各種生理機制活躍起來。

呼吸與動作自然結合，可以提高療效，增強體質，對推手的引勁和發勁技術也有極大關係。

傳統的太極拳教學方法，是一開始就採取呼吸與動作自然結合的。近來，隨著太極拳的普遍發展，為便於教學大都採用在拳套熟練後，再要求逐漸做到呼吸與動作自然結合。這兩種教學方法，可按具體條件而定。

太極拳動作輕鬆、柔和、沈著、靈活，可以使呼吸逐漸做到有節律地「深、長、細、緩、匀」。動作熟練，呼吸順遂後，就能夠調節呼吸、控制呼吸。為了保證配合身體代謝作用強弱的需要，就必須使練習者能夠進行不同強度的呼吸，使在動作有快有慢時，呼吸也能適應而沒有氧債，不致因為速度改變而引起氣喘現象。

初練時只要在運動過程中感覺到呼吸暢利，也就夠了。等到動作熟練和正確以後，由於各式各樣的拳式變換速度有快慢，幅度有大小，當然會產生不同強度的自然呼吸，在呼吸中也就自然地產生輕微的聲音來輔助。

這種輔助的聲音，在陳式、楊式中有「噓、呵、哂、吹、呼」五音，在武式中有「掤、業、噫、咳、呼、吭、呵、哈」八音。有了這種輔助聲音，就表明呼吸與動作已經密切結合，並提高了內勁的運用。

由於有這種聲音的輔助，使呼氣中的動作就更顯得自然而沈著，使吸氣中的動作就顯得自然和輕靈，從而使肢體的活動無形中貫注了一種內在的力量。吸為合、為蓄，呼為開、為發，推手時蓄發相變，蓄得足，便能發得巧。這種呼吸運動，可以叫做「拳勢呼吸」。

太極拳強調任何時候呼吸都要自然。由於姿勢和動作的繁簡不同，所以呼吸肌即有不同程度的張縮，從而產生種種不同強度的自然呼吸。太極拳的練氣功夫，就是要在這種不同的自然呼吸基礎上，順應著動作的開合虛實來提高呼吸的強度與深度。但這時如發現有胸悶憋氣的現象，這是肢體某一部分有鼓勁不放鬆的緣故，或者是有屏氣而停止呼吸的毛病，應即糾正檢查。如經過糾正檢查而還有此種現象，這是呼吸運動調節不佳，也就是提高呼吸強度與深度未能順循呼吸自然而引起的，還應該從呼吸與動作的速度是否一致上來檢查糾正。

婦女在經期或懷孕期間，應該暫時停止腹式呼吸運動，採用自然呼吸並降低運動量。

㈡、開合虛實

陳鑫說：「開合，虛實，即為拳經」；「一開一合，有變有常，虛實兼到，忽現忽藏」，「開中有合，合中有開」，「虛中有實，實中有虛」，「一開一合，足盡拳術之妙」。他把開合虛實提到首要地位，並且說得很全面。

1. 開和合是由內及外，以外引內，內外合一的

太極拳如果只講究外形的開合，不講究內功的開合，那麼，不論練拳或推手都會降低其療病保健、增強體質和提高技術的作用，也就不能稱作內外統一的拳了。

太極拳一直被稱作是「內功拳」的一種，亦即在意識指導下動作與呼吸必須配合，也就是，意識、呼吸、動作三者密切配合，「練意」、「練氣」、「練身」同時進行，要求肌肉、骨節、內臟器官在內部活動來配合身軀四肢的外部運動。

開合著重在內部的變動，而不在於外部動作形態。內動的開合，仍然是「運勁似螺旋」、「運勁似抽絲」的作用，就是所謂「勁由內換」或所謂「內氣潛轉」。開為伸展、放大，合為縮斂、收小。太極拳的開合，由於動作螺旋，有沾連黏隨之意，故能開時不頂撞，合時不躲閃，尤能合我之力，分彼之力。

透過推手的長期訓練，即能充分發揮「以輕制重」、「以柔克剛」、「以小力勝大力」、「乘人之勢，借人之力」的特殊的技擊方法。練習內外統一的開合時，應該揣摩「內不動，外不發」這兩句話。每一動作，都要求「始而意動，繼而內動，然後外動」。

動作開時內外俱開，動作合時內外俱合，神氣貫串、周身完整、渾然無間，轉接要一氣呵成，勁力集中到一點，並能隨時靈活變換。

2.開中有合，合中有開

在一開一合之中，還要進一步要求「開中有合，合中有開」，「開中有開，合中有合」。「開中有合，合中有開」，乃是「運勁似抽絲」的中心作用。太極拳的行氣運勁，由腰脊主宰，運用纏絲的螺旋形動作向著四梢去的叫做「開」，從四梢回歸丹田的叫做「合」。試舉手臂旋轉動作來加以說明。

太極拳以外掤為開，內擺為合。掤勁是以意貫注於肢體任何部分旋轉地向前展伸或斂縮，擺勁是以意貫注於肢體任何部分旋轉地向後、向左或向右地黏化。掤勁是擺勁的反面。因此說外掤為開，內擺為合。掤為順纏，擺為逆纏，「逆」從「順」而來，相反相成。

由於「運勁似抽絲」，胳膊合時由於動作的螺旋形，肘以下已經向著開，等到胳膊開時，肘以下已經轉為合。例如摟膝拗步的定式為開，接做手揮琵琶時，將右手收回為合，肘以下已經向著開，這是「合中有開」；右手再做半個圈向外為開，肘以下已經向著合，這是「開中有合」；最後，手揮琵琶勢形成，雙手左前右後合抱又成為合，但胸略內含，胸肌擴大，成為外合內開，這是「合中有開」。

「開中再開，合中再合」，乃是開時繼續延展伸長，合時繼續收斂縮小，循環往復，滔滔不絕。「開中再開」，在推手時表現為我愈進而愈長，彼愈退而愈促，我連步趕進而得機得勢。「合中再合」表現為彼一再弧形進逼，我順應動向一再黏化，繼續弧形地收斂縮小，我連步躍退而彼不及黏隨，我還擊的爆發力也越強。「開中再開，合中再合」是太極拳功深後的高級技巧，它極為柔活靈巧，螺旋形動作極為細微，「渾身柔軟若無骨」而身形中正不偏，「忽然放出都是手」。

太極拳名家在推手技術上能夠做到「人不知我，我獨知人」的地步，主要在於運勁似螺旋的「勁由內換」，「內氣潛轉」的內動，自己運勁的路線、方向、力點，裡邊先在變換，處處跟對方的動作合拍，如膠黏物，但是，意勁又處處走在對方的前面，因此對方不易察覺。因為這種練法細緻、高級，所以，不論應用在療病保健上、增進體質上或提高技術上，效果都比較好。

太極拳所以能引人久練不輟，越練越趣味無窮，欲罷不能，就在於意趣的一層深一層，沒有止境。在太極拳已經普遍開展的今天，為了提高太極拳的鍛鍊效果，現在似應及時提升，首先是應該強調內動與外動結合，特別在拳套熟練之後，要刻刻注意「內不動，外不發」兩句話。

3.虛中有實，實中有虛

虛實從意念上說，以手為例，如意念集中於右手，則右手為實，左手為虛；意念集中於左手，則左手為實，右手為虛，這是兩手的分清虛實。由一段鍛鍊時間，在虛實已經能分清的基礎上，還要進一步要求實中有虛、虛中有實。仍以手為例，原來已經分清虛實的手再要求分清虛實，虛的手要虛中有實，實的手要實中有虛。例如，前推的手為實，向前推出的一面為實，背面為虛。這種實中有虛，是為了把力量集中於一點，不該用力處都要放鬆，貫徹處處用力經濟的原則。例如，在武式太極拳中，推出的一面為實，譬喻為刀口，背面為虛，譬喻為刀背，意為力點要集中在刀口上。後手為虛，但是，要求也有意念貫注其中。這種虛中有實，是為了平衡重心，並使前手發力更足。

太極拳每一動作就打一個圓圈，在轉圈中間，虛實是在變換的。以手為例，如果手劃圈時上半圈為虛，那麼，下半圈為實；如果內勁上掤為虛，那麼下搌為實。這是一圈中的一虛一實。在一虛一實之中，仍然要包含著「勁似鬆非鬆，將展未展」，進一步做到虛中有實，實中有虛。在推手中，一圈之內，隨時有無數虛實的靈活變換，陰變陽，陽變陰，似陰非陰，似陽非陽，忽隱忽現，使人不可捉摸，古拳家用「全身處處都太極」來闡明這種細微的變化。

腿部的分清虛實，不論前虛後實或前實後虛，也不論左虛右實或左實右虛，都進一步要求虛中有實、實中有虛，虛非全然無力，實非全然站煞。這樣，才能使步法的變換靈活迅速。初練太極拳時，步法要大虛大實地分清虛實，練拳稍久，功夫純熟後，由開展而漸趨緊湊時，虛足和實足的比例要逐步縮小，例如從八比二到七比三、六比四等。虛實的距離越短，變化就越靈活快速。這也是從大架子練到小架子，從開展到緊湊的步驟。

古人把開合虛實用陰陽二字作代表：合、虛為陰，開、實為陽。陰變陽，陽變陰，「陰極陽生，陽極陰生」，「陰不離陽，陽不離陰」，就是「陰陽互為其根」。「陰中有陽，陽中有陰」，就是「開中有合，合中有開；虛中有實，實中有虛」。虛實要互相滲透，潛移默化，而且還要求「忽現忽藏」，變化非常靈活。為了做到這點，內外上下，前後左右都要求意氣須換得靈。只有意和氣變換得靈活，虛實才能「忽現忽藏」。

前輩太極拳家主張每站一勢，要求能在「八面支撐」的同時，也要求能「八面轉換」，意念一轉，則周身全動；意念一動，眼神領先，故又說「一轉眼，則周身全動」。這些都是虛虛實實，實實虛虛的妙用。

虛實的變換，跟開合一樣，也是在意識指導下先內動而及外動，內外合一的，也仍然是「運勁似螺旋」起中心作用。

開合虛實貫徹在太極拳的每一動作之中，隨著動作的變化，總是一開一合，一虛一實，開中有合，合中有開；虛中有實，實中有虛地交替變換。如果意念連續集中於一手或兩手同時向同一方運動，那麼虛實的變換應該隨著動作的開合去變換，亦即開時為實，合時為虛。

4. 開合虛實是漸變的，內外協調的

由開到合，由合到開，由實變換虛，由虛變實，是漸變的，不是突變的。其變換過程與動作變換運行的起止、速度等相適應。這種漸變練法，近乎靜力性運動的練法，最能發展耐力和力量，不但運動量極大，並且動作可以逐漸做到細膩熨貼，內勁逐漸增強，柔中寓剛，全身沈著鬆靜。

虛實不能像一般所理解的那樣，僅僅是手足要分清虛實，實際上胸腹背部的肌肉、骨節和內臟器官的活動都要分清虛實，並且這是動作的主要部分。所以，拳論說：「緊要全在胸中腰間運化」；「一處自有一處之虛實，處處總此一虛一實」；「勁由內換」；「凡此皆是意，不是外面」。如果只有手足的虛實，沒有胸腹背部的虛實，那就沒有內動來支配外動，那就不是整體的、內外合一的運動，在技擊上也就不可能「內動不令人知」。另外也不能認為，單是一呼一吸的內動來配合四肢運動，就算作是內功拳。這還是不全面的，因為呼吸僅利用橫膈膜的一上一下來帶動內臟作輕微的自我按摩，還缺乏有意識地引導胸腹背部的肌肉、骨節和內臟器官來進行活動，因此，還不能達到「一動內外全動」的要求。只有運動似抽絲，意氣換得靈，「行氣如九曲珠，無微不到」的練法，才能使內臟、肌肉、血管、經絡都能同時得到運動，「一動無有不動」。

5. 全身的總虛實在於腰隙的轉換

太極拳強調處處要分清虛實，但總得有個主從。究竟以哪一部位的虛實為主，來統攝全身內外、上下、前後、左右各部位的虛實使能綱舉目張呢？在古典太極拳論中是可以找出這個關鍵性的答案的。佚名氏的《十三勢行功歌訣》說：「命意源頭在腰隙，變轉虛實須留意。」武禹襄說：「主宰於腰。」李亦畬說：「緊要全在胸中腰間運化，不在外面。」陳鑫說：「腰為上下體之關鍵，腰以上氣往上行，腰以下氣往下行，似上下兩奪之勢，其實一氣貫通，並行不悖。」這些都清楚指出，全身各部分清虛實的總樞紐在於「腰隙」。

有些拳書把古典拳論中的「腰隙」改作「腰際」或「腰間」，這是不對的。「腰隙」俗稱「腰眼」，即左右兩腎，中醫把腎稱作「性命之原」、「真氣之所從出」，認為「腎壯則精足氣充」，神清目明。陳鑫說：「中氣何歸？歸於兩腎。」郝月如在遺著裡闡發了腰隙轉換虛實的練法，並說全身的總虛實在腰，其次在胸。他說：「轉換者，步隨身換，命意源頭，在腰眼之間；向左轉左腰眼微向上抽，用右腰眼托起左腰眼；向右轉右腰眼微向上抽，用左腰眼托起右腰眼。此即所謂『命意源頭在腰隙』者是也。」

腰隙管著兩腿，步法的轉換，是由腰隙的內動來支配的，即所謂步隨身換。腰隙落實的一邊，下邊的腿也就落實，另一邊的虛腿也就邁步輕靈。虛腿並與實腿一側的含胸有相吸相繫之意，虛腿才不致偏浮，所以李亦畬說：「上於兩膊相繫，下於兩腿相隨。」但腰隙轉換的樞紐何在呢？

在陳鑫的著作裡指出在於命門。他說：「訣竅以兩腰之中，兩腎①之間命門，為上下體之關鍵樞紐。」在佚名氏的《太極平準腰頂解》歌訣中，「車輪兩命門，一纛搖又轉」，形象地說出了腰部在脊柱命門穴支配下兩腎如車輪般地轉換。凡手腿前去時，兩腎先轉換，氣沈丹田，命門穴微往後撐，腰襠勁往下鬆沈，故久練太極拳者，帶脈（腰部周圍一圈）極為充實。

一吸一呼，膈肌升降，對重心穩定有關；腰隙的虛實轉換，對重心的移動有關。

胸的虛實轉換是：鎖骨往下鬆沈，用意來固定它，胸微內含，逢腰隙下抽落實的一面時，上邊的胸肌隨著弧形鬆沈，外往前合（武禹襄《身法十要》內稱作「護肫」）。這樣，隨著腰隙轉換的分清虛實，左右胸肌在劃弧鬆沈也就分清了虛實。

腰隙和胸肌的分清虛實，仍然需要貫徹「虛中有實，實中有虛」的原則，虛的一面，有騰挪之意，不使偏浮；實的一面，以意貫注，不使偏沈。胸的虛實管著兩手，鎖骨固定，左右胸肌交替虛實（也是內部的折迭），就能支配兩手的虛實變換（兩手的變換虛實也稱作「折迭」，是由內動來支配的）。

---

①《扁鵲心書》云：「腎為一身之根蒂，先天之真原，本牢則不死。」中醫經絡學說以正對臍後兩腎中間腰椎處為命門穴，也有人把左右兩腎稱作命門，以為真氣從此出入。陳鑫《任脈督脈》論云：「打拳也是運其任督二脈，使之順遂往來，循環無間，也是調養血氣。一呼一吸，任其自然。掃除妄念，卸盡濁氣，先定根基，收視返聽，含光默默，調息綿綿，操固內守，注意玄關。功久則頃刻水中火發，雪裡開花，兩腎如湯熱，膀胱似火燒，真氣自足。……氣功由腎而生，至靜歸於腎，一呼一吸，真氣出入，皆本於此。……打拳，每一勢陽氣一動一周身，至於靜，陽氣一靜一周身；即心之一念動，陽氣一周身；一念靜，陰氣一周身。所謂運氣者即此，但使無間斷而已。……志藏於腎，而機先發於心，心機一動，志即帥命門之真陽從之。至於動極生靜，心氣一降，志即帥氣歸於丹田。……氣必歸於丹田者，蓋丹田生氣之原，不歸於此，則下勢之動，氣必漸竭而運動無力矣。故必歸之於此」；又說「命脈者，腎也，中氣之所由來也。動則出，靜則入。有定而無定，言不時變易勢，故陰陽二氣變易亦無定」；「心為一身之主，腎為性命之原」。

㈢、開合虛實與呼吸

1. 開合虛實與呼吸的自然結合

練太極拳和推手一樣，都是合和虛是蓄、吸，開和實是發、呼。開合虛實的動作要自然地與呼吸結合起來。一開一合，就是一呼一吸，一呼一吸稱作一息或一氣。

開合虛實與呼吸要自然結合。合、蓄是吸，在做「合」的動作（如屈、退、仰、起等動作）時，應當吸氣；從虛上講，就是由實逐漸變為虛時，也應當吸氣。開、實是呼，在做開的動作（如伸、進、俯、落等動作）時，應當吸氣；從實上講，就是由虛逐漸變為實時，也應該呼氣。至於開合虛實的突然變換的快速動作，乃是練拳純熟後的自由變換，並且一般為了技擊性的目的，才主張有閃電式的爆發力強的快速動作。沒有這種迅速變換的能力，在技擊上是一個缺點，不可能應付對方迅速的襲擊，也不可能迅速進攻和退卻，決勝負於俄頃。所以，王宗岳主張「動急則急應，動緩則緩隨」，陳鑫主張「纏繞回旋，至疾至迅」。

古典太極拳論是從來沒有主張過速度絕對均勻的鍛鍊方法的。「運勁似抽絲」說明了柔緩的一面，「發勁似放箭」又說明了剛速的一面，原來是極為辯證的。老架太極拳套路中有緩慢柔和的套路，也有快速剛脆的套路，主要為適應技擊性的發展。但初學時，練拳速度要勻，療病者練時要緩要勻，是另外一回事。

試舉楊式「搬攔捶」動作後面的「如封似閉」這一式子，來說明動作和呼吸的結合。第一動當右捶回收變掌、身漸後坐、兩掌左右分開斜上舉時，從形態上說，這個動作通常叫做合、屈或退，從虛實上說，乃是由實逐漸變虛。這時應該吸氣，小腹內收，這是「蓄勢」。第二動當兩掌隨身前坐而前按時，通常叫做開、伸或進，從虛實上說，是由虛逐漸變實。這時應該呼氣，內部向下作弧形鬆沈的胸肌，其路線似乎經小腹兩角折向前面斜上射出，配合上肢的弧形交叉集中於一點，勁往前微向斜上發出。小腹外突，這是「發勁」。這就是一合一開，一虛一實，一蓄一發，一吸一呼的鍛鍊方法。第一動是合、虛、蓄、吸，第二動是開、實、發、呼。這種「勁由內換」的練法，也就是胸部大小肌的「折迭」（配合外部的動作）。

腰部的轉換（詳細見前章）與形態上四肢的手法「折迭」，同步法轉換是統一的，互為表裡的。所以，單從外形手足上來講解「折迭」和「轉換」，也是不全面的，不是內勁支配外動的，也就不是內外合一、周身一家的。

太極拳的掤勁最為重要，它是富於韌性和彈性的一種勁，螺旋式的伸縮進展，絕不可丟失掤勁。凡屈退的動作，弧形旋轉走化，掤勁也絕不可丟失，否則成為軟弱無力的虛弱，光知道「虛」而不懂得「虛中有實」。沒有掤勁的走化動作，推手時容易被對方壓扁而破壞身法。拳論說的「鬆開我勁弗使屈」、「勁似鬆非鬆」，就是虛中有實的妙用。凡伸進的動作，即使看似直線而去，而內勁也是螺旋式地前進，極為纏綿曲折，不柔不剛，若有若無，「將展未展」，任其自然，不犯直率、僵硬之病，這是實中有虛的妙用。久久練去，自然能夠輕靈沈著兼而有之，外似棉花、內似鋼條，變化非常靈活迅速。

2.合、虛、蓄為吸，開、實、發為呼，合乎人體生理規律

就以上述的「如封似閉」例子來說，當第一動右捶回收變掌時，肢體方面要鬆屈，意念上是由實逐漸變虛，由於身體逐漸後坐、小腹內收，胸肋背部肌肉和骨節都相應地徐徐擴張，橫膈膜上升，因此胸腔容積隨之增大，這是必然要吸氣的。在這點上說也是合中有開，因為其中有縮小，也有擴大。

當第二動兩掌前按時，意念上是由虛逐漸變實，由於肢體逐漸向前伸張，胸脇腹背部肌肉和骨節都相應地舒緩下沈，橫膈膜下沈，胸腔容積隨之減小，這時也就必然要呼氣。在這點上說也是開中有合，因為其中有擴大，也有縮小。拳論指出：

「開合原無定，屈伸勢相連。」所以練太極拳時，自始至終每個動作都要與呼吸有節奏地、自然地結合。

3.「開呼合吸」與「開吸合呼」

本書說的「開呼合吸」，所根據的是李亦畬的《五字訣》中的「吸為合為蓄，呼為開為發」。某些太極拳著作則說成為「開吸合呼」。看來似乎矛盾，實際上兩者是一而二，二而一，是一個問題的兩個方面。

【開呼合吸】——是以內動外發為開合的標準。內動為合（吸），外發為開（呼）。屈、退、仰、起等使內動的動作為合（呼）；反之，伸、進、俯、落等使外發的動作為開（呼）。

【開吸合呼】——是以胸廓的擴張與否為開合的概念。胸廓擴張為開，反之為合。使胸廓擴張如屈、退、仰、起等動作為開（吸）；反之，使之胸廓縮小的如伸、進、俯、落等動作為合（呼）。

太極拳與推手相輔而行的，練拳即是推手，推手即是練拳。推手時必然是開、實、發為呼氣，合、虛、蓄為吸氣的，因此本書採用了「開呼合吸」的術語。

4.開合虛實與呼吸在走架推手上是一致的

練太極拳套路時，合、虛、蓄為吸，開、實、發為呼，跟雙人推手時，是一致的。在推手上「吸則自然提得起，亦拿得人起；呼則自然沈得下，亦放得人出」；「呼吸通靈，周身無間」。推手技巧熟練到這種地步，搭手時，四面八方，任何角度，都能蓄能發，「絕不用力，哈之即出」。這是「以意行氣」，不是「以力使氣」。推手時如果要牽動對方重心，不論在任何開合的姿勢下，都需用短促的一吸，將對方重心牽動，「若物將掀起」。這是突然的一合、一蓄，生理上自然地來一個短吸。接著突然放勁時，全身勁向下沈而澎脹，內勁上翻而弧形地微向上而往前上直射（「發勁似放箭」），乘對方重心不穩而放勁。這是突然地一開、一發，生理上自然地來一個短呼。由於速度快，鼻呼吸不夠用，需有聲音來幫助（詳見本章第九節（一））。

根據上述理論，連同其它的對立名詞，可列表如下：

合虛屈退起仰來入蓄收化引吸闔柔陰
開實伸進落俯往出發放打擊呼闢剛陽

5.傳統太極拳套路在編排上呼吸與動作是協調的

太極拳各派的產生，都是前輩太極拳家繼承上一代的傳統，經過勤學苦練，融會貫通之後，入乎其內、出乎其外，而推陳出新的，是不斷精心冶煉凝鑄而逐步形成為別具風格的派別，都經過學習、消化、吸收的一個潛移默化的過程，從內容、形式，到創作方法，有它本身一套規律和特點。

太極拳運動的核心是螺旋式、抽絲式的運勁，一動無有不動，意識、呼吸和動作三者結合。拳式呼吸，亦即在意識指導下呼吸與動作一致，有助於增強內臟器官機能和發揮技擊作用。這是傳統太極拳套路的共同規律和共同特點。

根據合、虛、蓄為吸，開、實、發為呼的原則來檢查各式傳統太極拳套路（如陳、楊、武、吳、孫等架式），整個套路每一動作都是一開一合、一虛一實、一吸一呼的，證明這些傳統太極拳套路都是經過精心編排，一再修訂得沒有多餘動作而最後定型的。

當然，如果練走了樣，或是不懂得每一動作的開合虛實與呼吸自然結合的道理，任意添加一個吸或呼的動作進去，那麼，這個姿勢的整個動作練起來就不可能使呼吸與動作正常地結合。

因為兩個呼的或是兩個吸的動作連在一起，就要用一個短呼或一個短吸來加以調節了，結果只好強調呼吸歸呼吸、動作歸動作的所謂「自然呼吸」了。從而技擊方法上的連續性也勢必被破壞了。動作中加上一些花招（不應有的多餘動作），同樣會破壞拳式呼吸。

儘管拳式動作的一開一合、一虛一實編排得很正確，合乎一呼一吸的原則，可是在初練拳時，仍應強調動作與呼吸自然結合，不應拘泥執著，這樣才符合「氣以直養而無害」的要求（練習整套拳式從頭至尾都要求結合拳勢呼吸是不必要的，並且也不是任何人都能做得到的，勉強去做反而是不自然的，甚至是有害的）。

呼吸的深、長、細、勻、緩，是太極拳腹式呼吸法的主要內容，但都應力求自然，不能故意做作，那才有利而無流弊。

總的來說，開合是姿勢上的現象（由內動而形於外），虛實是內勁的輕和沈的現象，呼吸是生理上的自然現象，三者密切而自然結合，構成了太極拳練意、練氣、練身三結合一套完整的鍛鍊方法。

第四章

太極拳的呼吸

我國源遠流長的養生法——導引術和吐納術，在公元前四世紀已見於老子①、莊子②諸人的著作中。

太極拳的腹式深呼吸是採自源遠流長的導引術和吐納術，因此，它的呼吸法和近來採用為臨床診療的氣功療法的呼吸法，是同出一源的。不過，太極拳是有靜有動、內外兼練的整體性和內外統一性的拳術，它的姿勢複雜多變，全身各部分的動作「清規戒律」很多，配合呼吸一時不易恰到好處；氣功療法是靜中求動，姿勢單純，呼吸方法比較容易掌握。太極拳的腹式呼吸有助於調節神經，「按摩」內臟，暢通氣血，促進新陳代謝，調整呼吸，進一步使動作與呼吸自然協調，做到「形神合一」。

太極拳呼吸法主張「虛領頂勁，氣沈丹田」。氣沈丹田方法是立身端正，有意

①老子（公元前三百多年時人）說：「專氣致柔，能如嬰兒乎？」「虛其心，實其腹」，「綿綿若存，用之不勤」。意即呼吸的一開一合要自然，氣息要由粗而細，由細而微，綿綿不斷。保持腹實胸寬狀態。做深呼吸運動和柔軟運動，使人精神和身體柔和，人就能變得類似無欲而又筋節柔軟的嬰孩。

②莊子在《大宗師》說：「古之真人，……其息深深。」莊子把「真人」作為「眾人」的對稱，「眾人」是不練深呼吸運動的人們。「息」就是「氣」，就是「呼吸」。莊子《人間世》說：氣息茀（音勃）然」。一呼一吸，稱作一息。

識地引導氣體徐徐有下行的感覺，送入腹部臍下，不許使力硬壓。明代高濂所編《遵生八箋》中引《心書》云：「出息入息，長收緩放，使之綿綿，以養神氣」，「皆出於自然，不可……揠苗助長」。跟拳論引用孟子的「氣……以直養而無害」是一致的。

練拳時心平氣和，凝神一志，以意運動，要求做到十六個字：「安神靜練，物我兩忘，心息相依，呼吸自然」。這就是要消除雜念、心意入靜，只有那著重鍛鍊的內臟部分在動，外形（四肢百骸）是隨著內臟的緩緩運動而運動著的。

太極拳主張用意識指導動作，調節呼吸，在極為寧靜的情緒下，進行適度的鍛鍊，在「氣沈丹田」，「氣宜鼓盪」，隨著動向的變換，逐漸達到使呼吸與動作協調，「內氣潛轉」，「氣遍身軀不稍痴」的要求。透過腹式呼吸運動，膈膜一上一下，內臟做輕微的帶有淺弧形的按摩運動，促使各種生理機制活躍起來。

在調節呼吸方面，現代太極拳各流派採用見於我國七世紀記載的「調息法」，它是一種「悠、勻、細、緩」、「不徐不疾」的呼吸法，純自鼻孔呼吸，「呼吸無聲，不結不滯，出入綿綿，若存若止」。這種「吐唯細細，納唯綿綿」的呼吸法，可以降低肺換氣的次數，控制呼吸，緩和心臟跳動，有助於入靜。

太極拳的呼吸方法除了上面所說的「調息法」，還有一種「口呼鼻吸」的「迎氣法」。這是老架太極拳家所採用的呼吸法，例如，陳發科練拳時就用「口呼鼻吸法」；楊澄甫也用這種呼吸法，他在《太極拳之練習談》中說：「其口似開非開，似閉非閉，口呼鼻吸，任其自然。」這種呼吸方法，見於十七世紀時唐代孫思邈《千金要方》中所述的「迎氣法」：「以鼻引氣，口呼氣，少微吐之，不得開口」；「從口細細吐出盡，還從鼻細細引入」。

練太極拳結合「迎氣法」從療效上來講，不如用「調息法」更為柔和，更為對體弱和多病者合適。從武功上講，「迎氣法」能發揮更大的武技作用。

陳式老架太極拳有竄蹦跳躍動作，有發勁動作，動作有慢有快，運動量很大，特別在發勁時需開口吐氣發聲，以適應發勁的速度，因此，採用了「迎氣法」。楊氏雖將陳式老架改為速度均勻，刪去竄蹦跳躍和發勁動作，以適應療病保健者的需要，但楊氏本人仍著重技擊功夫。楊式拳套若按照嚴格的要求，運動量仍然極大，並且在單操手法時動作快速地發勁，不是綿綿不斷的，因此，仍然繼承了陳氏「口呼鼻吸」的呼吸法。

沈家楨同學總結陳發科老師練拳時呼吸發聲有四個音：呵、哂、噓、吹。茲摘引如下：

1.練「六封四閉」拳式時，雙手斜向前下按時，做深呼吸中帶出「呵」音（許個切，去聲，念賀）。作「呵」音時把嘴唇撮起，雙手斜向前下按，深呼到底，「呵」音也同時到底。在形於外的放勁的一瞬間，如「掩手肱捶」當右拳落點盡力一擊時，也用「呵」音（對治心臟病有幫助）。

2.練「白鶴亮翅」拳式時，當右手上舉做深吸氣中自鼻孔帶進「哂」音（矢忍切，上聲，同沈音）；在虛領頂勁、氣沈丹田之下，右手上舉掠過頭頂時，哂音停止（對治肺臟病有幫助）。

3.逢隱於內的落點放勁時，例如，「手揮琵琶（即「初收」、「再收」）的左放勁，「倒卷肱」的前手放勁等，在落點放勁的一瞬間，在深呼氣中，由鼻呼氣中帶有鼻音「噓」音（休居切，平聲，同虛）；噓時睜開雙目，神氣外顯（對治肝臟病有幫助）。

4.練「單鞭」拳式時，雙手分開到左手向左按出時，嘴唇合攏，在吹氣中盡力吹出「吹」音（昌垂切，平聲，炊音）；左手按出後意氣轉換到右手時止，「吹」音也同時停止（對治腎臟病有幫助）。

「口呼鼻吸」法的缺點在於練拳時（特別是初學者）容易引起喉頭乾燥，不如舌舐上齶，呼吸以鼻的調息法容易口內生津、潤濕喉頭的合乎生理。「調息法」還有一個好處，它可減少肺臟運動量，對肺弱和肺結核者有利無弊。

因此，我們認為初練陳式老架太極拳時，一般也應採用「調息法」。

距今百年前，太極拳家還採用「六氣呼吸法」。著者收藏有河北永年人馬同文從姨丈李亦畬處抄得的《太極拳譜》。譜中李亦畬的「太極拳小序」作於同治六年丁卯（公元一八六七年），譜中「撒放條」有「呵（心）嘻（肝）呼（脾）呬（肺）吹（腎）噓（膽）」字樣。說明當時太極拳家也採用了古代用為療病的「六氣呼吸法」。

「六氣呼吸法」收集在明代鍾惺（一五七四～一六二四年）校閱的《遵生八箋》卷九中，有「六氣訣」和「六氣歌訣」兩種，意義相同，都是呼吸療法。為了提供醫療上的參考研究，這裡抄錄《六氣歌訣》全文如下。

「六氣歌訣，症瘥即止，不可過，過即敗氣。

「一曰呬：呬法最靈應須秘，外屬鼻根內關肺，寒熱勞悶及膚瘡，以斯吐納無不濟。

「二曰呵：呵屬心王主其舌，口中乾澀身煩熱，量疾深淺以呵之，焦腑疾病自消滅。

「三曰呼：呼屬脾神主其上，煩熱氣脹腹如鼓，四肢壅悶氣難通，呼而理之復如故。

「四曰噓：噓屬肝神主其目，赤翳昏昏淚如哭，都緣肝熱氣上衝，噓而理病更神速。

「五曰吹：吹屬腎臟主其耳，腰膝冷多陽道萎，微微縱氣以吹之，不用外邊求藥餌。

「六曰嘻：嘻屬三焦有疾起，三焦所有不和氣，不和之氣損三焦，但使嘻嘻而自理。」

在「六氣訣」中還說：「氣雖各有所理，但五臟三焦，冷熱勞極，風邪不調，都屬於心，心主呵，呵所理，諸疾皆癒，不必六氣也。」

當時太極拳家採用「六氣呼吸法」主要是作為「撒放」（即推手時發勁）時加大發力的用途，而不是作為呼吸療法的用途。

撒放的呼吸法在馬同文抄本李亦畬《太極拳譜》中還有「哈、咳、噫、嚦」四聲；在李亦畬手寫本《王宗岳太極拳譜》中則有「打手撒放：掤（上平），業（入聲），噫（上聲），咳（入聲），呼（上聲），吭，呵，哈」八聲。

這種放勁技巧配合呼吸加大發力的方法，由於各人的經驗體會不同，因之採用了各種不同的聲音。

武匯川（一八九〇～一九三六年）曾說：「楊班侯說，比手時，一哼一哈，即分輸贏」，這證明楊班侯已簡約為哼哈二氣。楊少侯（楊澄甫之兄）的太極拳得自伯父楊班侯，故推手時，也用哼哈二氣。

楊澄甫曾經說：「推手時練習放勁的方法，向上打，意欲將他擲上屋頂；向下打，意欲將他擊入地中；向遠打，意欲將他拍透牆壁。哼音上打，哈音下打，咳音打遠。」這是楊澄甫教授放勁時應用的「哼、哈、咳」三氣。

綜合上述前輩太極拳家的呼吸法，練拳架時有三種呼吸方法。

第一種是調息法：閉唇捲舌，呼吸以鼻，吐唯細細，納唯綿綿。第二種是迎氣法：口呼鼻吸，任其自然。第三種是迎氣出聲法：口呼鼻吸，發勁時吐氣出聲。可以看出，呼吸是隨運動量的大小而不同的。

推手放勁時的吐氣發聲，如上所引有六氣、八氣、四氣、二氣、三氣的分別，我們認為這是各個太極拳家在技擊方法上的不同經驗與體會。練習時應在有經驗者的指導下進行。

太極拳周身動作複雜，開始學拳時，一般宜用自然呼吸，不宜強調配合腹式呼吸運動。應該在拳套熟練後再配合腹式呼吸運動。如果在練拳前後就單獨練習腹式呼吸運動，較易掌握其呼吸方法；等到拳套練熟，一經指點，就容易把呼吸和動作結合起來。

練拳前後單練腹式呼吸法（練氣）介紹腹式逆呼吸法如下：

氣沈丹田法

正身直立，雙足分開，寬與肩齊；屈膝圓襠，口唇輕閉，舌舐上齶，鼻孔自然地呼吸；全身用意識引導鬆開，雙手自然下垂，中指尖輕貼大腿中部；腋下可容一拳地位（肘不貼肋），頭部虛領頂勁（脊椎節節往下鬆沈），胸背部的肋肌自然地鬆沈，足跟足趾與足掌輕輕沈住；胸部寬舒，臍下腹部微覺充實。目光平視，摒除雜念，意存丹田（臍下小臍部分），自覺心平氣和，姿勢穩當，然後用意識引導腹肌、胸肌緩緩上升（但仍須鬆垂，肩不可上聳），脊柱和肋骨有隨著上升之意，同時緩緩將雙手向前方舉起，肘腕微屈，肘尖下墜，手心向下，以中指領勁上提，提至手與肩平；同時用鼻緩緩吸氣，這時橫膈膜自然上升，小腹部自然地微向內收，吸氣將盡，肛門括約肌即微微收縮（術語稱作「吊襠」或「提肛」），略停一停。這是一吸。

隨即繼續用意識引導胸肋肌、背肌帶動骨節下沈，同時雙手帶弧形屈肘內收，緩緩下按於腹前，也是以中指領勁往下輕按；同時，肛門括約肌隨即鬆開，緩緩以鼻呼氣，使腹部臍上之氣部分呼出；這時橫膈膜自然下降，小腹部自然地外凸。這是一呼。

心要靜，目光要照顧雙手的起落，動作與呼吸要均勻協調，逐步做到呼吸「悠、勻、細、緩」，動作輕鬆、速度均勻。

這樣反覆練習數十下。

這種氣沈丹田的腹式呼吸法，與氣功療法的逆呼吸相同，適用於各種類型的太極拳架式。在陳家溝老架、新架和趙堡新架太極拳的發勁動作中，僅在單掌雙掌或單拳前擊時才配合呼氣，使橫膈膜下降，腹內輕輕做下沈動作；而在整套動作過程中，主要是當一呼一吸時，腹內輕輕做左或右大小不等的弧形動作，來配合臂、腿左或右大小不等的纏絲勁。這種腹式呼吸法我們可以稱作丹田內轉法。當每勢定式時，腹內才輕輕做下沈動作。因此，陳式太極拳腹式呼吸法是「丹田內轉」法與「氣沈丹田」法交互運用的。

後來，從陳架發展的各種太極拳架式，都是臂、腿只做環形或弧形，不做螺旋形，腹式呼吸僅為「氣沈丹田」法，不與「丹田內轉」法相結合（腿法或步法上沒有走弧形的僅為吳式，吳式僅擺蓮腿有弧形，這是便利學習者的一種改革）。

陳式太極拳的纏絲勁練法，肌肉骨節做弧形的旋轉，外形上臂、腿做左或右大小不等的螺旋形動作，並根據學拳者功夫的加深而逐步加圈，是比後來發展的太極拳臂、腿只做弧形或環形較為複雜難練。陳式太極拳的腹式呼吸法是：「丹田內轉」法與「氣沈丹田」法相結合，比後來發展的太極拳只採取「氣沈丹田」法，又是複雜難練的。

複雜難練，運動量當然大得多，不宜於患病者練。這也是近五十年來楊式、吳式太極拳得到廣大群眾，特別是中老年人、婦女以及體弱多病者愛好的理由所在。

陳式太極拳適於年輕力壯者練。為了繼承陳式太極拳呼吸法的特點，凡是初學陳式老架或新架太極拳的，在練拳前後，應該還要練習「丹田內轉」與「氣沈丹田」相結合的方法。

下面就簡單介紹這種腹式呼吸的練法。

「丹田內轉」與「氣沈丹田」結合的練法

正身直立，雙足分開，寬與肩齊，屈膝圓襠，口唇輕閉，舌舐上齶，鼻孔自然地呼吸；全身用意識引導鬆開。頭部虛領頂勁，脊柱節節往下鬆沈，並且要虛虛對準，胸背部的肋肌也自然地鬆沈。左手屈肘，掌心向上，右手屈肘，鬆握拳，拳背輕貼於左掌心之上，左大指輕貼於右拳虎口處，餘四指輕貼於右腕骨背之下，雙手停於心口前，距離約四寸許；肘不貼肋，沈肩墜肘，胸部寬舒，腹部放鬆而又微覺充實；兩肩骨節略微向前捲，使背部的皮膚有繃緊的感覺，形成「含胸拔背」的姿勢。頭部虛領頂勁，脊柱節節鬆沈，胸背部肋骨也自然地鬆沈；足跟、足趾與足掌輕輕沈住；目光平視，摒除雜念，意存丹田，自覺心平氣和、姿勢穩當。

然後兩腿分清虛實，把重心移在左腿，用意識引導腹部內臟，從左腰隙起輕輕做弧形向左上方旋轉而上，雙手隨著微向左下方劃弧而上旋仍停於心口；同時配合緩緩吸氣，追隨內臟的弧形動作，這時橫膈膜自然上升，腹部自然地微向內收；吸氣將盡，肛門括約肌即微微收縮，如忍住糞便狀，使氣聚於下丹田（在臍下中極穴），略停一停。這是一吸。

隨即繼續用意識將腹部內臟輕輕下沈，雙手亦於胸前心口下沈，而於臍前輕輕沈住；重心仍落於兩腿，同時，肛門括約肌隨即鬆開，緩緩以鼻呼氣，部分氣體似感流行於中丹田（臍部神闕穴）；這時橫膈膜自然下降，小腹自然地外凸。這是一呼。

心要靜，眼神要照顧雙手的起落；身形要端正，不可搖擺俯仰；呼吸要「悠、勻、細、緩」，呼吸與動作要協調。

這是向左方的內轉下沈法。向右方內轉下沈的方法用同樣的姿勢，僅是方向相反。可以交叉地反覆練習數十下。全身骨節和肌肉都參加活動，完成「一動無有不動」的要求。

這種「以意調息」的腹式深呼吸法，有人稱作「內練一口氣」，也稱作「氣功」或「內功」。透過橫膈膜的不斷起伏，內臟做輕微的旋轉和「按摩」運動，能夠活潑內臟機制，加強氣血循環，能夠治療各種慢性病。千百年來，我國的養生家、醫學家在實踐中證明它是行之有效的療病、延年的一種方法，也是極其合乎科學的。

附帶要提出的，肛門括約肌一緊一鬆（緊的時間短，鬆的時間長），有助於治癒內痔，並能連帶地作用於泌尿系統而防治遺精病、便秘、小便頻數。

拳套練熟後，可以按照「起吸落呼，合吸開呼」的拳式呼吸的原則，使呼吸與動作自然地結合起來。如果感覺胸悶憋氣，必然是姿勢有不正確的地方，引起肌肉不能全部放鬆，或是呼吸跟動作不能配合均勻，就必須加以調節。如仍調節得不舒服，應該恢復自然呼吸，切勿勉強，以免發生流弊。

練習深呼吸運動到一定程度後，會自然地產生「腹鳴」的現象，特別在練拳套每一姿勢到定式時和由定式變轉時由於腰胯的鬆沈和旋轉，最易產生「腹鳴」。這是很自然的生理現象，是練習內功拳到一定程度後的初步的內體感覺，是「以意導氣」、「氣沈丹田」的結果。

練氣功時產生腹鳴現象，要比練太極拳來得早，這是練氣功在一開始就「以意調息」的原故。腹鳴現象的產生，是由於以意導氣，增強了內腸蠕動，使腹內氣體相摩相蕩所發出的聲音，對內臟只會有好的作用。

練太極拳時有「腹鳴」應不以為奇，沒有「腹鳴」也不要故意追求，要聽其自然。當然，因病而發生腹鳴，另當別論。

附錄1　廉讓堂本《太極拳譜》

清　李亦畬輯
唐　豪　考釋

前　言

唐豪（一八九七～一九五九年），幼家貧，十餘歲即失學。苦讀之暇，喜習武術，從德州劉震南老師學六合拳術。唐豪擔任上海尚公小學校長時，即以所學教授學生，著重基本功（腰腿、跌仆、滾翻動作）的訓練，因此，所練拳械對練套路，緊湊逼真，當時上海京劇界武生也都樂於觀摩。

一九二七年唐豪曾去日本習政法，對柔道、劈刺亦甚愛好。歸國後積極提倡武術，重實用，去花假，對武術技法，訪求各家，由實踐與比較，以親身體會其優缺而決定取捨。對武術史尤好探討，考訂審慎。曾印行《太極拳與內家拳》、《少林武當考》、《少林拳術秘訣考證》、《戚繼光拳經》等十幾種著作。

語怪與附會，是當時所謂少林與武當武藝作家專玩的一套把戲，它含有濃厚的毒素，腐蝕著人們的思想，唐豪對此作了大膽的揭發和批判。

唐豪生活樸素，以節餘搜購體育史料，在艱苦的歲月裡，堅持撰述。一九四一年，他仍在上海做律師，因係被認為是左派律師，汪偽警政部要緝捕他，他得訊後立即匿居友家，經兩個月完成了《少林拳術秘訣考證》。

《少林拳術秘訣》是一部體育著作，也是一部史料，但其中含有散佈神奇的思想，假托的史事，毒素頗為濃厚。唐豪考證此書的目的，除了尊重歷史外，還著重在藉此喚起民族革命意識，配合抗日宣傳。由於現代印書館排字工人在反動派統治時期被捕，唐豪力為辯護保釋，因此，這部書稿立即得到該書館的印行。一九五七年，唐豪因對此書見解不同於昔，著手另寫。遺稿尚需整理。

新中國成立後，唐豪對研究體育更加不遺餘力。一九五五年一月他自華東政法委員會被調職國家體委研究中國體育史，主編《中國體育史參考資料》數集。但，不幸於一九五九年一月逝世。

關於武術史的遺著，完稿的有《峨嵋考》、《中國民族體育圖籍考》、《中國武藝圖籍考》、《廉讓堂本太極拳譜考釋》等。《峨嵋考》約數萬字，脫稿於一九五四年冬季，曾以全稿示余。今此稿不知藏於何人之手。

《廉讓堂本太極拳譜考釋》的價值，在於恢復了王宗岳、武禹襄、李亦畬拳論的本來面目，訂正了太極拳源流上的臆說和歪曲部分。積數十年搜集史料，跋涉數千里實地調查，始得有此成就。

余與唐豪先後從學於劉震南老師，其後復共同練習劈刺和推手有三年之久，新中國成立後又同學於陳式拳家發科老師；余對武術史研究的興趣，受唐豪的誘導與鼓勵為多，並有數十年的友誼，故樂為作序，且在五處做了附考，以紀念唐豪畢生為武術從事啟蒙工作的貢獻。

顧留馨

一九六三年九月十八日於上海

序

太極拳獨為世人所推崇者何也？細審此譜，可以知之矣。云：「腹鬆氣斂，心靜神舒」，無不合乎養生之道，衛生之理；「虛領頂勁，氣沈丹田，氣向下沈，勁起於腳跟」，是將己之重心移至下部而穩立之理也。「立如平準，活似車輪，偏沈則隨，雙重則滯」，是己之支點只要一個而槓桿之理也。「氣宜鼓盪，神宜內斂，兩手支撐，一氣貫串，以意運氣，以氣運身，一動無有不動，一靜無有不靜。觸之則旋轉自如，無不得力」，是全身練成一個氣球，使富有彈性且易轉動之理也。「不丟不頂，隨屈就伸，沾連黏隨，引進落空；左重則右虛；右重則左杳。仰之則彌高，俯之則彌深」，是利用彼力之慣性，而使失其平衡之理也。「勁起於腳跟，主於腰間，形於手指，發於脊骨，曲中求直，蓄而發後。蓄勁如張弓，發勁如放箭」，則彈性之理，而又動能與勢能之理也。「彼不動，己不動；彼微動，己先動」；「彼有力，我亦有力，我力在先；彼無力，我亦無力，我意仍在先。人一挨我，我不動彼絲毫，趁勢而入，接定彼勁，彼自跌出」，是以柔克剛不動聲色，既合乎科學之理，而又洽乎謙遜之道。由此觀之，太極拳者，係本科學之理練己身，並於謙遜之中勝敵人，精微奧妙有如此者，其為世人所推崇，豈偶然哉。練之熟，則可以健其身；練之精，則可以通其神。惟練之熟則甚易，而練之精，則甚難耳。先伯祖亦畬公，從武太祖舅父禹襄公習此技。先祖啟軒公亦從之學，歷數十年。精妙始得，各有著述。先嚴獻南公，先叔信甫公，均得家傳，日日練之，至老不懈。惟我家素以誦讀為業，總未以此問世。然遠近知之者，亦大有人在。求拜門下者甚眾。本邑郝和，清河葛福來，均從先伯祖學。南宮馬靜波，清河葛順成，均從先祖學。光緒戊戌，西林岑旭階太守，來守此邦，延先嚴、先叔授渠諸公子。時福蔭年方七齡，亦從學焉。福蔭除受家訓外，更受教於師伯郝和。年稍長，求學異地，未能專心於此，以致無所成就，至以為憾！近年來，習此術者甚眾，於是向吾家討秘本者有之；向福蔭請教益者有之。外間抄本過多，文字間略有不同，因生疑竇，就吾質正者亦有之。各方求知之切，竊自欣慰。細檢家藏各本，擇其詳盡者，釐定次第，原文之中，未敢增改一字，以福蔭之功夫未到，不敢妄加解說也。願世之好者，悉心研究，發揚而光大，幸甚！幸甚！

永年　李福蔭敘

一九三五年一月二十八日

據一九三八年戊寅夏節武一如所抄廉讓堂石印本，「細檢家藏各本」下脫百四十九字，當出福蔭後刪。茲據山西《國術體育旬刊》一卷十九期補錄如下：「細檢家藏各本，文字間亦不相同，章篇或此前而彼後，或此多而彼少，緣先伯祖精求斯技，歷四十年，輯本非只一冊，著述屢有刪改，外間抄本因時間之不同，自難一致耳。先伯祖最後親筆工楷手抄共三本：一交先祖啟軒公，現已殘缺；一交門人郝和，現存伊子文桂手；先伯祖自留一本，現存十一叔父遜之公手，此皆完璧也。至於先伯祖屢次自編原稿，則為十叔父石泉公，十一叔父遜之公所珍藏。」按文桂即郝月如，李亦畬手抄之一本，現存月如子少如手，其祖郝和，字為楨，孫福全所著《太極拳學》作「為真」。

唐豪　附記

太極拳釋名

太極拳，一名長拳，又名十三勢。長拳者，如長江大海，滔滔不絕也；十三勢者，分掤、攦、擠、按、採、挒、肘、靠、進、退、顧、盼、定也。掤、攦、擠、按，即坎、離、震、兌四正方也。採、挒、肘、靠，即乾、坤、艮、巽四斜角也。此八卦也。進步、退步、左顧、右盼、中定，即金、木、水、火、土也。此五行也。

合而言之曰十三勢。是技也，一著一勢，均不外乎陰陽，故又名太極拳。

※　※

馬印收抄本無篇名，篇首亦無太極拳三字。全文如下：「一名長拳，一名十三勢。長拳者，如長江大海滔滔不絕；十三勢者，分掤、握、擠、按、採、挒、肘、靠、進退、顧盼、中定。掤、握、擠、按，即坎、離、震、兌四正方也。採、挒、肘、靠，即乾、坤、艮、巽四斜角也。此八卦也。進步、退步、左顧、右盼、中定，此金、木、水、火、土也，五行也。總而言之曰十三勢也。」

關葆謙於京師所得抄本，篇名《太極拳解》，全文如下：「太極拳一名長拳，一名十三勢。長拳者，如長江大海滔滔不絕；十三勢者，掤、握、擠、按、採、挒、肘、靠，此八卦也。進步、退步、左顧、右盼、中定，此五行也。合而言之曰十三勢。掤、握、擠、按，即坎、離、震、兌四正方也。採、挒、肘、靠，即乾、坤、艮、巽四斜角也。進、退、顧、盼、定，即水、火、木、金、土也。」

郝和所有李亦畬手寫本，篇名《十三勢》。篇名旁註：「一名長拳，一名十三勢」九字。全文如下：「長拳者，如長江大海滔滔不絕也。十三勢者，掤、握、擠、按、採、挒、肘、靠、進退、顧盼、定也。掤、握、擠、按，即坎、離、震、兌四正方也。採、挒、肘、靠，即乾、坤、艮、巽四斜角也。此八卦也。進步、退步、左顧、右盼、中定，即金、木、水、火、土也，此五行也。合而言之曰十三勢。」

李福蔭本，此篇為其伯祖李亦畬於一八八〇年（光緒六年庚辰）所遺留。馬印書本此篇，為其姨丈李亦畬於一八六七年（同治六年丁卯）所遺留。亦畬則得自其母舅武禹襄。關葆謙本，此篇於一九一一年據京師楊氏傳抄本。楊氏本與李福蔭本同源，經都門弟子潤改，故其文較簡。

此為王宗岳太極拳譜中之一篇，陳溝所無也。禹襄於一八五二年（咸豐二年壬子）赴豫，得王譜於舞陽縣鹽店。上距王宗岳之健在已五十九年，可斷非親得於宗岳。得譜之後，以授其外甥李亦畬，馬印書所抄，當據一八六七年（同治六年）或更早之文。既無篇名、篇首，復有缺佚，此可推見禹襄所得王譜已有漫漶。篇名及篇首《太極拳》三字則亦畬所後加。禹襄未得陳溝長拳之傳，故亦畬將「一名十三勢」改為「又名十三勢」。光緒七年，亦畬寫貽郝和之本，又將「太極拳釋名」，改題篇名為「十三勢」，移「一名長拳一名十三勢」九字於篇名旁，此同源諸本，可以對照考出者也。徐震「太極拳譜理董」於亦畬寫貽郝和本，篇名十三勢旁刪去原文「一名十三勢」五字，若不從郝少如處親見，安知篇名出後加九字，由正文移為旁註乎？徐震主張十三勢，係王宗岳據陳溝長拳所改編，其刪削豈偶然哉。田鎮峰所著太極拳中之譜，此篇僅作：十三勢者，掤、攦、擠、按、採、挒、肘、靠、進、退、顧盼、中定是也。徐震推定鎮峰出其師葛蘭蓀而得楊氏舊傳，以其文之簡，遂認為宗岳原作。一九五五年，余始獲見鎮峰，舉以面質，始知鎮峰係取其它太極拳書所刪改。詢之親見鎮峰編寫之李天驥所言，亦復相同。除震與鎮峰為多年舊交，不面質或函質後，而遽予率斷，蓋為十三勢係宗岳取長拳改編立說，以成其《太極拳考信錄》也。不知宗岳《太極拳論》與此篇內容思想一貫，《太極拳論》云：「太極者，無極而生」，本周敦頤《太極圖說》，周又本老子有生於無。此篇以五行釋進、退、顧、盼、定，可見同本周說。以八卦釋掤、攦、擠、按、採、挒、肘、靠，本《易繫辭》。《陰符槍譜》敘稱：宗岳少時自經史而外，黃帝、老子之書及兵家言，無書不讀。《太極拳論》以太極兩儀立說，此篇以八卦、五行立說，余故並斷此篇為王宗岳所作。禹襄在舞陽縣鹽店所得太極拳譜，馬印書手抄此篇，當為宗岳原文。

唐　豪　附識

十三勢架

身法：涵胸，拔背，裹襠，護肫，提頂，吊襠，鬆肩，沈肘。

勢架程序：攬雀尾，單鞭，提手上勢，白鶴亮翅，摟膝拗步，手揮琵琶勢，摟膝拗步，手揮琵琶勢，搬攬捶，如封似閉，抱虎推山，單鞭，肘底看捶，倒攆猴，白鶴亮翅，摟膝拗步，三甬背，單鞭，紜手，高探馬，左右起腳，轉身踢一腳，踐步打捶，翻身二起，披身踢一腳蹬一腳，上步搬攬捶，如封似閉，抱虎推山，斜單鞭，野馬分鬃，單鞭，玉女穿梭，單鞭，紜手，下勢，更雞獨立，倒攆猴，白鶴亮翅，摟膝拗步，三甬背，單鞭，紜手，高探馬，十字擺蓮，上步指襠捶，上勢攬雀尾，單鞭，下勢，上步七星，下步跨虎，轉腳擺蓮，彎弓射虎，雙抱捶。

十三刀：按刀，青龍出水，風捲殘花，白雲蓋頂，背刀，迎墳鬼迷，振腳提刀，撥雲望日，避刀，霸王舉鼎，朝天一炷香，拖刀敗勢，手揮琵琶。

十三杆：掤一杆，青龍出水，童子拜觀音，餓虎撲食，攔路虎，拗步，斜劈，風掃梅，中軍出隊，宿鳥歸巢，拖杆敗勢，靈貓捕鼠，手揮琵琶勢。

四刀：裡剪腕，外剪腕，剉腕，撩腕。

四杆：平刺心窩，斜刺膀尖，下刺腳面，上刺鎖項。

四槍：與四杆同。

以上刀法、槍法，務要身法不散，講究跟勁。

※ ※

據李亦畬五字訣序，武禹襄之十三勢，傳自溫縣趙堡鎮陳清萍。清萍與陳溝之陳仲甡、陳季甡昆季，及陳長興子耕紜為同時人。長興之十三勢老架，傳自其父秉旺；清萍、仲甡、季甡之十三勢新架，傳自陳有本。清萍更以心得，另創一套，並以傳人。其傳以趙堡鎮、王圪壋兩處為盛。稱新架為「略」，稱清萍所創為「圈」。一九三〇～一九三一年冬末春初，余在三處調查所得，且目擊其後輩演練者也。歸滬後，獲交郝少如，觀其勢，既不同於「略」，亦不同於「圈」，從知武禹襄之十三勢，依緊湊法則獨創，非舞陽縣鹽店太極拳譜所原有。十三刀、十三杆、四刀、四杆之法，亦清萍傳禹襄。有本傳清萍皆非鹽店譜所有，李福蔭不別而出之，蓋未考其來歷。

鹽店譜無十三勢程序。所有十三勢程序，均為各家自己所添加，所以楊家流傳之譜，便依楊家程序；武家流傳之譜，便依武家程序。楊、武支流之譜，便各依其支流而不同，此為有力佐證。

唐豪 附識

顧留馨附考：武式十三刀、十三杆、四刀、四杆之法，竊以為乃楊祿禪傳之武禹襄者。禹襄從清萍學陳氏新架僅月餘，悉其理法，恐不及學習刀杆套路也。

十三刀、十三槍、四杆（即四黏槍）為陳溝所原有。稱杆而不稱槍者，據郝少如云：楊班侯幼習四黏槍，其母恐誤傷，禁練，乃去槍頭，純以蠟杆練習，故永年人稱槍為杆。又據永年人王有福見告，幼年時見班侯所舞鐵槍重二十八斤，比武用杆子重七八斤。四刀法僅為剪腕手法，陳溝拳譜未載，或係禹襄總結所學之劈腕法也。

山右王宗岳太極拳論

太極者，無極而生，陰陽之母也。動之則分，靜之則合，無過不及，隨屈就伸。人剛我柔謂之走，我順人背謂之黏。動急則急應，動緩則緩隨，雖變化萬端，而理唯一貫。由著熟而漸悟懂勁，由懂勁而階及神明，然非用力之久，不能豁然貫通焉。虛領頂勁，氣沈丹田，不偏不倚，忽隱忽現。左重則左虛，右重則右杳，仰之則彌高，俯之則彌深，進之則愈長，退之則愈促，一羽不能加，蠅蟲不能落。人不知我，我獨知人，英雄所向無敵，蓋皆由此而及也。斯技旁門甚多，雖勢有區別，概不外壯欺弱，慢讓快耳。有力打無力，手慢讓手快，是皆先天自然之能，非關學力而有為也。察「四兩撥千斤」之句，顯非力勝；觀耄耋能禦眾之形，快何能為。立如秤準，活以車輪，偏沈則隨，雙重則滯。每見數年純功，不能運化者，率皆自為人制，雙重之病未悟耳。欲避此病，須知陰陽：黏即是走，走即是黏；陽不離陰，陰不離陽，陰陽相濟，方為懂勁。懂勁後，愈練愈精，默識揣摩，漸至從心所欲。本是「捨己從人」，多誤「捨近求遠」。所謂差之毫釐，謬之千里，學者不可不詳辨焉，是為論。

解曰：先在心，後在身，腹鬆，氣斂入骨，神舒體靜，刻刻存心。切記，一動無有不動，一靜無有不靜。視靜猶動，視動猶靜。動牽往來，氣貼背，斂入脊骨。要靜：內固精神，外示安逸；邁步如貓行，運勁如抽絲，全身意在蓄神，不在氣，在氣則滯。尚氣者無力，養氣者純剛。氣如車輪，腰如車軸。

又曰：彼不動，己不動；彼微動，己先動。似鬆非鬆，將展未展，勁斷意不斷。

※　※

「解曰」一段，「又曰」一段，李亦畬寫貽郝和本，俱在《打手要言》篇內。篇末有「禹襄武氏並識」六字題記，可證此兩段為武所作，僅是為論一篇，為鹽店譜原有篇名，當為太極拳論。「山右王宗岳」五字必亦畬據鹽店譜所加，以資識別者也。

唐　豪　附識

顧留馨附考：一九二一年北京版許禹生《太極拳勢圖解》，此篇標題為《太極拳經》，首段作「太極者，無極而生，動靜之機，陰陽之母也」，增「動靜之機」四字。至「是為論」為止。篇末註：「此論係三豐先生入室弟子王君宗岳所作」。蓋臆說張三豐創太極拳，復臆測王宗岳為元末明初張三豐之弟子。自許書附會張三豐以後，其它太極拳書每多徵引附益，於是創造太極拳的榮譽，曾經歸之於張三豐。但許氏從陳發科老師研究陳式太極拳後，始知太極拳為陳氏家傳。一九三九年許氏編著《太極拳》一書（北京版），在《緒言》中就說：「年來研究陳氏太極拳術，自覺頗有所得。陳氏拳，家傳原有三種，太極長拳、太極炮拳、太極十三式架子是也。十三式共有五路，多失傳，現能演之拳，僅為十三式之頭路，與楊氏所傳大致相同，而稍有出入，暨炮拳一路（陳氏現名之為第二路），統計所存不過兩路，余僅存譜而已」。許氏勇於糾正舊說之非，而後來許多太極拳書，轉據許氏舊說，變本加厲，太極拳源流一度眾說紛紜。

各勢白話歌

提頂吊襠心中懸　鬆肩沈肘氣丹田　裹襠護肫須下勢
涵胸拔背落自然　初勢左右懶扎衣　雙手推出拉單鞭

提手上勢望空看　白鵝亮翅飛上天　摟膝拗步往前打
手揮琵琶躲旁邊　摟膝拗步重下勢　手揮琵琶又一番
上步先打迎面掌　搬攬捶兒打胸前　如封似閉往前按
抽身抱虎去推山　回身拉成單鞭勢　肘底看捶打腰間
倒攆猴兒重四勢　白鶴亮翅到雲端　摟膝拗步須下勢
收身琵琶在胸前　按勢翻身三甬背　扭頭回頭拉單鞭
雲手三下高探馬　左右起腳誰敢攔　轉身一腳栽捶打
翻身二起踢破天　披身退步伏虎勢　踢腳轉身緊相連
蹬腳上步搬攬打　如封似閉手向前　抱虎推山重下勢
回頭再拉斜單鞭　野馬分鬃往前進　懶扎衣服果然鮮
回身又把單鞭拉　玉女穿梭四角全　更拉單鞭真巧妙
雲手下勢探清泉　更雞獨立分左右　倒攆猴兒又一番
白鵝亮翅把身長　摟膝前手在下邊　按勢青龍重出水
轉身復又拉單鞭　雲手高探對心掌　十字擺蓮往後翻
指襠捶兒向下打　懶扎衣服緊相連　再拉單鞭重下勢

上步就排七星拳　收身退步拉跨虎　轉腳去打雙擺蓮
海底撈月須下勢　彎弓射虎項朝前　懷抱雙捶誰敢進
走遍天下無人攔　歌兮歌兮六十句　不遇知己莫輕傳

※　※

各勢白話歌，亦畬寫貽，郝和本不收，非禹襄、亦畬作甚明。李福蔭廉讓堂本序云：「先伯祖亦畬公，從武太祖舅父禹襄公習此技。先祖啟軒公亦從之學，歷數十年精妙始得，各有著述。」則此歌或即李啟軒寫作，啟軒名承綸行二。

唐　豪　附識

顧留馨附考：據《各勢白話歌》，可知武式太極拳原來也有高躍動作，並且動作有起有伏，架式也低。「翻身二起踢破天」，「白鵝亮翅把身長」，「摟膝拗步重下勢」等句可證。武式到三傳的郝月如刪去了跳躍動作，架式純為高架子，顯為適應年老體弱者而作的改革。

十三勢行功歌

十三總勢莫輕視　命意源頭在腰隙　變轉虛實須留神

氣遍身軀不稍滯　靜中觸動動猶靜　因敵變化示神奇
勢勢存心揆用意　得來不覺費功夫　刻刻留心在腰間
腹內鬆靜氣騰然　尾閭正中神貫頂　滿身輕利頂頭懸
仔細留心向推求　屈伸開合聽自由　入門引路須口授
功用無息法自休　若言體用何為準　意氣君來骨肉臣
詳推用意終何在　益壽延年不老春　歌兮歌兮百四十
字字真切義無疑　若不向此推求去　枉費功夫遺嘆惜

※　※

陳長興生於一七七一年（乾隆三十六年）八月十六日巳時，卒於一八五三年（咸豐三年）三月三日戌時。不獨其弟子楊福魁未學長拳，其子耕紜，其孫延熙，其曾孫發科，俱未學長拳。此余斷長拳在陳長興時，已不傳之證也。與長興同輩之陳有本，不獨其弟子陳清萍未學長拳，其侄仲甡、季甡、仲甡子鑫，俱未學長拳。此余斷長拳在陳有本時，已不傳之證也。陳溝之長拳十三勢譜，同見於文修堂本及兩儀堂本。堂本內，槍譜題有「乾隆乙未梅月前一日重抄錄」十二字。前於長興四年，原抄當在長興出生之前。王宗岳足跡不出黃河之南，可證長拳十三勢在乾隆時代已由溫縣陳溝外傳。一九三六年，山西洪洞年近古稀之樊一魁著長拳圖譜，自敘源流乃河南郭永福所傳。郭於乾隆年間保鏢來洪。在洪羈留多年，傳藝於賀家莊賀懷璧。後賀傳流南北，皆是口傳心授，按照前軌。樊一魁童年時習拳於萬安鎮楊如梅及喬柏金，係藝中名手，實為郭師永福之嫡派。其譜與文修（？）堂本無甚出入，足證乾隆時代陳溝外傳之長拳十三勢及推手。有全傳者，有不全傳者，而宗岳則得其全傳。十三勢之後學於黃河之南，復得宗岳《太極拳論》、《太極拳釋名打手歌》，益以已作《十三勢行功歌》，此舞陽鹽店譜之內容也。張士一疑此歌作於宗岳太極拳論前，愚以為未得其實。使作歌者為宗岳傳人，豈有一字不涉及長拳者乎？

唐豪 附識

打手歌

掤擺擠按須認真　上下相隨人難進　任他巨力來打我
牽動四兩撥千斤　引進落空合即出　沾連黏隨不丟頂

※　　※

張士一從王宗岳《太極拳論》「察四兩撥千斤」之句中之「察」字考出，打手歌為王以前人所作，洵為不移之論。

陳溝兩儀堂舊抄本打手歌僅四句，歌云：「擠掤攦捺須認真，上下相隨人難進，任他巨力人來打，牽動四兩撥千斤。」陳子明《拳械匯編》自陳溝別本錄出之打手歌為六句。歌云：「掤攄擠捺須認真，周身相隨人難進，任他巨力來攻擊，牽動四兩撥千斤，引進落空合即出，沾連黏隨就屈伸。」

陳溝無王宗岳《太極拳論》及《太極拳釋名》，亦無《十三勢行功歌》，只有四句及六句之《打手歌》。王宗岳之足跡，乾隆辛亥歲在洛，其後館於汴，他無可考。徐震所著《太極拳考信錄》認為《打手歌》非陳溝本有，乃宗岳口授陳溝，其理由之一：「陳溝只得王宗岳之口授，故僅記《打手歌》；其它文篇或均未帶往，故未予陳氏。或尚未撰成，亦不可知，事雖無考，理不外是。」今即就徐氏之說辨之：科舉時代，學重強記，四書五經尚能背誦如流，自撰短文，尤易默寫而出。宗岳若果口授《打手歌》，其它文篇即未帶往，豈不能同傳陳氏，此僅記《打手歌》之說為不可通。

其理由之二：陳氏初只得王之口訣，故陳氏書中或不完具；或頗歧異。楊、武兩家則譜中六句無異致，而文義亦較見於陳氏書者為長。徐氏豈不知陳溝四句變為六句者，乃由簡而至繁。王譜六句文義較長者，乃潤粗對至精，逐漸增訂，其跡至顯。王取諸陳其事至明。楊、武無異致者，乃楊得於武之證，非王傳於陳之證。故與其據《打手歌》以證王傳陳，毋寧據《打手歌》以證陳傳王。

其理由之三：雖曰謂拳經總歌未若《打手歌》之精信矣，然陳氏亦有《打手歌》，安知陳氏非先有粗率之《拳經總歌》，後有簡賅之《打手歌》，王宗岳獨取其簡賅者乎？應之曰：「是不然」。《拳經總歌》與《打手歌》，非獨理有精粗，其辭氣亦異焉。試以《拳經總歌》與（陳溝）其它拳架歌訣比觀，辭氣意味皆相類，《打手歌》之辭氣意味獨不類，足明非陳氏所本有也。徐氏不見有奏庭造拳之詩，其辭氣與十三勢行功歌相類乎？今不得謂十三勢歌出奏庭手者，以其不見於陳溝也。然則《打手歌》與奏庭詩辭氣相類，謂非陳氏所本有可乎？曰：「不可」。蓋考據此歌，須由所「在」以求其來歷；由人物以定其時間，由繁簡以察其衍變，由精粗以明其後先，由辭氣以審其同異，而後可得其真相。徐氏僅以陳溝發見之《打手歌》，辭氣不類於同地發見之《拳經總歌》與他歌訣，故認為非陳氏所本有。

換言之，即陳溝發見之《打手歌》，辭氣與王譜他歌訣相類，故徐氏雖同意張士一之說，認《打手歌》為王以前人作，而否定出自陳溝。然宗岳得此歌於何地，則未有一言以說明之。今予進而考之，陳氏《打手歌》四句者較簡，存原作面目，此陳溝本有之證一也。陳溝《拳經總歌》中屈伸縱放之訣，陳氏《打手歌》六句者，末作「沾連黏隨就屈伸」，此陳溝本有之證二也。陳氏《打手歌》原始者四句，辭氣與奏庭遺詩相類。奏庭前於宗岳，有康熙己亥墓碑可證。予推定此歌為奏庭所作。六句者，當為親炙於奏庭之弟子兒孫等所改，故發見於陳溝，而其成併在王宗岳之前，此陳溝本有之證三也。

《陰符槍譜》序言：乾隆五十六年辛亥宗岳在洛，其後館於汴。溫縣、陳溝位於汴洛間汜水之對岸，予推定宗岳得長拳十三勢打手之傳，當在居汴洛時。並推定，宗岳不僅得長拳十三勢打手之傳，兼得《拳經總歌》及六句《打手歌》，其後即自撰《太極拳論》一篇，《太極拳釋名》一篇，連同潤改之《打手歌》，一首，寫定成譜，《拳經總歌》則存而不錄。或曰，宗岳得《拳經總歌》存而不錄，子何所據而知之乎？拳經總歌有「屈、伸、縱、放」之訣；有「採、撂（挒）、肘、靠」之法，由《太極拳論》之「隨屈就伸」，《太極拳釋名》之採、挒、肘、靠來推斷，宗岳之必得《拳經總歌》與《打手歌》，又由《太極拳釋名》之十三勢者掤、攦、擠、按一節推斷，宗岳之必得《打手歌》。由《太極拳釋名》之長拳者，「如長江大海滔滔不絕」三句推斷，宗岳兼得一百單八勢長拳之傳。凡此，皆有實證可按，不同於空泛之論。宗岳僅採《打手歌》者，以其自撰文篇為勝，此王譜不見《拳經總歌》，而文中及之可證也。至於奏庭所造何拳，後將及之，茲不再談。

唐豪 附識

先王父廉泉府君行略

先王父諱河清，姓武氏，字禹襄，號廉泉，永年人，性孝友，尚俠義，廩貢生，候選訓導，兄弟三人。長澄清，咸豐壬子進士，河進舞陽縣知縣。次汝清，道光庚子進士，刑部員外郎，瞻材亮跡，併聲於時。先王父其季也。先王父博覽書史，有文炳然，晃晃埒伯仲，而獨擯絕於有司，未能以科名顯，然以才幹志行為當道所器重。咸豐間，呂文節公賢基，繭書幣邀贊戎機，以母老辭。尚書毛公昶熙、巡撫鄭公元善，又皆禮辟不就。惟日以上事慈闈，下課子孫，究心太極拳術為事。初道光間，河南溫縣陳家溝陳姓有精斯術者，急欲往學，維時設帳京師，往返不便，使里人楊福先往學焉。嗣先王父因事赴豫，便道過陳家溝，又訪趙堡鎮陳清萍。清萍亦精是術者，研究月餘，奧妙盡得。返里後，精益求精，遂神乎其技矣。嘗持一杆舞之，多人圍繞以水潑之，而身無濕跡。太極拳自武當張三豐後，雖善者代不乏人，然除山右王宗岳著有論說外，其餘率皆口傳，鮮有著作。先王父著有《太極拳解》、《十三總勢說略》。復本心得，闡出《四字訣》。使其中奧妙，不難推求，誠是技之聖者也。有子五人。用康，郡庠生，候選府經歷。用懌，同治壬戌舉人。用咸，縣學生，候選鴻臚寺序班。用昭，縣學生。用極，國學生，孫十五人。次孫延緒，光緒壬辰翰林，出宰湖北，多工文學，未深習是術。得其術者，惟李王姑之子經綸、承綸兄弟也。

孫萊緒　謹述

※　※

一八六七年（同治六年丁卯），亦畬太極拳小序述禹襄學拳經過，與行略微異。序稱「太極拳始自張三豐，其精微巧妙，王宗岳論詳且盡矣。後傳至河南陳家溝陳姓，神而明者，代不數人。我郡南關楊某老祿，愛而往學焉。專心致志十有餘年，備極精妙。旋里後，市諸同好。母舅武禹襄見而好之，常與比較，伊亦不肯輕以授人，僅能得其大概。素聞豫省趙堡鎮有陳姓名清萍者精於是技。逾年，母舅因公赴豫省，過而訪焉。研究月餘，而精妙始得，神乎技矣。予自咸豐癸丑，時年二十餘，始從母舅學習此技云云。楊福魁字祿禪，行略稱楊福，小序稱老祿，皆簡一字。

一九三〇年，福魁孫澄甫，任浙江省國術館教務長，中央國術館函請調查其祖生歿年歲，復稱：祿禪先生自幼即在陳長興先生處學習拳藝，彼時才十齡左右，從師凡三十餘年。至其享壽年齡，因年代久遠，家乘未備，一時難於逆溯，云云。則行略所言，禹襄使里人楊福先往學焉；小序所言，我郡南關楊某老祿愛而往學焉，皆滋疑竇。豈有十齡左右之童子，而能備三十餘年之糧，遠涉他鄉，自河北之永年往河南之溫縣學拳？豈有禹襄急欲往學，而使一童往學三十餘年，己方從之授業者哉？

一九三〇—一九三一年冬末春初，予居陳溝陳承五家月餘，調查太極拳歷史，始備悉其詳。按祿禪之去陳溝，非如行略小序所言，亦不如楊系太極拳書所云因聞陳長興之名而往，實緣貧無以存，家庭鬻以為僮而離鄉背井也。承五者德瑚之孫，德瑚先世設「太和堂」藥肆於祿禪故里永年，故得購祿禪之家僮。陳溝武風歷世不衰，德瑚雖官翰林院待詔，不禁家人習武。時長興為拳師，居室陋隘，晚間聚同族習技於德瑚家前廳。德瑚謝世，承五父備三尚幼，庶祖母鄭氏，與祿禪年齒相若，空闈守寡，防生物議，焚其券遺之歸里。以上除德瑚官階由族譜考得，餘則承五親述。

生於一八四九年（道光二十九年）之陳鑫，在其所著陳氏家乘中有「賤僕知義」一節，則述祿禪復至陳溝事。其書今存予手。當祿禪恢復自由時，己孑然一身，至永年托足居「太和堂」。「太和堂」雖為陳氏所設，而店屋則租自武氏。禹襄之問業於楊，此為媒介。以上係禹襄再傳弟子郝和孫少如見告。行略小序蓋為祿禪諱言，非事實也。

徐震《太極拳考信錄》曰：「流俗之見，以祿禪出身寒微為恥。曾不知，匡衡西漢名相也，不諱佣作；承宮東漢大儒也，也不諱牧豕。至於近代，汪紱畫陶，凌曙賣餅，皆名成業就，為世所尊。祿禪居僮僕之間，留心技術，以武藝名，斯正足以見其姿稟之超軼，而又何諱焉。」徐震為郝和子月如門弟子，故亦知其事。然在封建階級統治下，能免於此者稀矣。藝人中惟齊白石不諱言出身於木匠，且以老木匠自稱。武、李為楊氏諱，楊氏又以自諱，乃常情耳。陳武關係至今猶然。予在承五家，見禹襄孫萊緒所書屏中有七律一首，頗合當地風光。其詩云：「相逢一笑看吳鈎，燕市悲歌上酒樓，地有大風連沛澤，人餘奇氣動幽州，天低古戍金笳冷，月墜嚴城玉笛愁！此處舊傳多俠客，荊高去後多悠悠。」款題「承五仁兄世大人」，足見兩家交誼數代未改。

禹襄大約於一八五一年（咸豐元年，辛亥）從祿禪問業。一八五二年，其兄澄清中進士，官舞陽縣知縣，禹襄赴澄清任所，便道過陳溝時，長興年已八十二。或因老病不能教，故訪趙堡鎮陳清萍從學月餘。至舞陽於鹽店得王宗岳譜，旋里後於一八五三年以技教亦畬。此綜合長興生卒年月，武萊緒廉泉府君行略，李亦畬太極拳小序，及太極拳譜跋，考出武派太極拳之創始於一八五二—一八五三年間事也。行略述禹襄舞杆事，誇張不可信。

唐豪 附識

顧留馨附考：武禹襄兄弟三人家傳武術。楊祿禪約在十歲左右去陳家溝，約有三十多年始遺歸永年，祿禪生於一七九九年，故返里約在一八四九年左右。禹襄從祿禪學陳氏老架太極拳約在咸豐元年或其前一年。一八五二年禹襄始從清萍學陳氏新架。一八五三年禹襄教亦畬太極拳。武氏學而後化，自成一家，應有一段吸收、消化、創造的時間，故武式太極拳的創造，應該在一八五三年以後的若干年間。

太極拳解

身雖動，心貴靜，氣須斂，神宜舒。心為令，氣為旗，神為主帥，身為驅使，刻刻留意，方有所得。先在心，後在身。在身，則不知手之舞之足之蹈之，所謂一氣呵成，捨己從人，引進落空，四兩撥千斤也。須知，一動無有不動；一靜無有不靜。視動猶靜，視靜猶動，內固精神，外示安逸。須要從人，不要由己。從人則活，由己則滯。尚氣者無力，養氣者純剛。彼不動，己不動；彼微動，己先動。以己依人，務要知己，乃能隨轉隨接；以己黏人，必須知人，乃能不後不先。精神能提得起，則無雙重之虞；黏依能跟得靈，方見落空之妙。往復須分陰陽，進退須有轉合。

機由己發，力從人借。發勁須上下相隨，乃一往無敵；立身須中正不偏，方能八面支撐。靜如山岳，動若江河。邁步如臨淵，運勁如抽絲，蓄勁如張弓，發勁如放箭。行氣如九曲珠，無微不到；運勁如百煉鋼，何堅不摧。形如搏兔之鶻；神似捕鼠之貓。曲中求直，蓄而後發。收即是放，連而不斷。極柔軟，然後極堅剛；能黏依，然後能靈活。氣以直養而無害；勁以曲蓄而有餘。漸至物來順應，是亦知止能得矣。

※ ※

亦畬寫貽郝和本，此篇入禹襄《打手要言》篇內第二段。楊家太極拳譜取《打手要言》第一、第二兩段合為一段，潤刪而改訂之，入《十三勢行工心解》篇內，不題禹襄作，楊門弟子所為也。

唐豪 附識

十三勢說略

每一動，惟手先著力，隨即鬆開。猶須貫串一氣，不外起、承、轉、合。始而意動，既而勁動。轉接要一線串成。氣宜鼓盪，神宜內斂，勿使有缺陷處，勿使有凹凸處，勿使有斷續處。其根在腳，發於腿，主宰於腰，形於手指。由腳、而腿、而腰，總須完整一氣。向前、退後，乃能得機得勢。有不得機、得勢處，身便散亂，必至偏倚，其病必於腰腿求之。上下前後左右皆然。凡此皆是意，不是外面。有上即有下，有前即有後，有左即有右，若物將掀起，而加挫之力，斯其根自斷，乃壞之速而無疑。虛實宜分清楚：一處自有一處虛實，處處總此一虛實。周身節節貫串，勿令絲毫間斷。

※　　※

篇名當從行略脫一「總」字，亦畬寫貽郝和本人禹襄《打手要言》篇內第五段。楊家太極拳譜不入《十三勢行工心解》內，獨立成一篇。篇名不一致，不題禹襄作。曩予在廠肆得一抄本，篇名為《先師張三豐王宗岳傳留太極十三勢論》。一九三一年出版之《太極拳使用法》，篇名為《祿禪師原文》，皆楊門弟子所附會。又楊家太極拳譜「氣宜鼓盪」前三十九個字改為「一舉動周身俱要輕靈，尤須貫串」十三字。此下，僅略有增刪潤色而已。

徐震《太極拳譜理董》序云：「今楊氏所傳本與李亦畬手寫本大異何也？曰：楊氏所得乃武氏初定本、李氏手寫本或後來之改訂本，或間有李氏所竄入者，亦未可知。」考楊家太極拳譜，與武禹襄作品大異者，除此篇外，只將《打手要言》第一、第二兩段簡化為一段，其餘無甚出入。北京為人文薈萃之地，祿禪行教於此，弟子甚廣，豈不能改作？必謂楊氏所得乃武氏初定本，亦畬、啟軒兄弟不獨與禹襄為甥舅，兼為禹襄直傳弟子，如有初定本，絕無傳楊不傳李之理。今亦畬寫貽郝和本，李福蔭廉讓堂本，皆絕跡不見，獨見於楊氏流傳之本，此予斷祿禪門人所改，乃衷於理。徐震《太極拳譜理董》例言，對於武禹襄之著述多從楊氏所傳本，失禹襄原作面目矣。

唐豪 附識

四字密訣

敷：敷者，運氣於己身，敷佈彼勁之上，使不得動也。

蓋：蓋者，以氣蓋彼來處也。

對：對者，以氣對彼來處，認定準頭而去也。

吞：吞者，以氣全吞而入於化也。

※　※

此四字無形無聲，非懂勁後，練到極精地位者不能知全，是以氣言，能直養其氣而無害，始能施於四體。四體不言而喻矣。

馬印書抄本亦有此訣，不言出誰手。廉讓堂本據禹襄孫萊緒所撰行略，言其祖復本心得，闡出四字訣，是此訣乃禹襄所作也。

唐豪 附識

顧留馨附考：《四字密訣》拳理高妙，境界在亦畬《撒放密訣》之上，亦畬於一八八一年寫給郝和的《太極拳譜》備載禹襄拳論，禹襄卒於一八八〇年，武、李以姻親而誼屬師生，同居一鄉，此訣若為禹襄所作，絕無不收之理，故此訣當非禹襄作品。馬同文抄譜為亦畬一八六七年之譜，《五字訣》後有《一字訣》「敷」一則，其時亦畬詳味其意，加以贊嘆，若其後亦畬衍為《四字密訣》，亦無不收入寫貽郝和本之理，故此訣亦非亦畬作品。或係武、李子弟所作。亦畬長弟承綸，字啟軒，光緒元年（一八七五年）舉人，拳技僅亞於亦畬，亦有寫作此訣之可能。但亦畬卒於一八九二年，亦有寫作此訣之可能。特為抉出，以待續考。

五字訣

太極拳不知始自何人，其精微巧妙，王宗岳論詳且盡矣。後傳至河南陳家溝陳姓，神而明者，代不數人。我郡南關楊君愛而往學焉。專心致志十有餘年，備極精巧。旋里後，市諸同好，母舅武禹襄見而好之，常與比較，彼不肯輕以授人，僅得其大概。素聞豫省懷慶府趙堡鎮有陳姓名清萍者，精於是技。逾年，母舅因公赴豫省，過而訪焉。研究月餘，而精妙始得，神乎技矣。予自咸豐癸丑時年二十餘，始從母舅學習此技。口授指示，不遺餘力，奈予質最魯，廿餘年來僅得皮毛，竊意其中更有精巧，茲僅以所得筆之於後，名曰五字訣，以識不忘所學云。

清光緒六年歲次庚辰小陽月識

一曰心靜　心不靜則不專，一舉手前後左右全無定向，故要心靜。起初舉動，未能由己，要息心體認，隨人所動，隨屈就伸，不丟不頂，勿自伸縮。彼有力，我亦有力；我力在先。彼無力，我亦無力，我意仍在先。要刻刻留意，挨何處，心要用在何處，須向不丟不頂中討消息。從此做去，一年半載，便能施於身，此全是用意不是用勁，久之，則人為我制，我不為人制矣。

二曰身靈　身滯則進退不能自如，故要身靈。舉手不可有呆像。彼之力方礙我皮毛，我之意已入彼骨內。兩手支撐，一氣貫串，左重則左虛，而右已去；右重則右虛，而左已去。氣如車輪，周身俱要相隨。有不相隨處，身便散亂，便不得力，其病於腰腿求之。先以心使身，從人不從己，後身能從心。由己仍是從人。由己則滯，從人則活。能從人，手上便有分寸，秤彼勁之大小，分釐不錯；權彼來之長短，毫髮無差。前進後退，處處恰合，功彌久而技彌精矣。

三曰氣斂　氣勢散漫，便無含蓄，身易散亂。務使氣斂入脊骨，呼吸通靈，周身罔間。吸為合、為蓄；呼為開、為發。蓋吸則自然提得起，亦拏得人起；呼則自然沈得下，亦放得人出。此是以意運氣，非以力使氣也。

四曰勁整　一身之勁，練成一家，分清虛實。發勁要有根源，勁起於腳跟，主於腰間，形於手指，發於脊骨。又要提起全副精神，於彼勁將發未發之際，我勁已接入彼勁，恰好不先不後，如皮燃火，如泉湧出，前進後退，無絲毫散亂。曲中求直，蓄而後發，方能隨手奏效，此謂借力打人，四兩撥千斤也。

五曰神聚　上四者俱備，總歸神聚。神聚則一氣鼓鑄，練氣歸神，氣勢騰挪，精神貫注，開合有致，虛實清楚。左虛則右實，右虛則左實。虛非全然無力，氣勢要有騰挪；實非全然佔煞，精神要貴貫注。緊要全在胸中、腰間變化，不在外面。力從人借，氣由脊發。胡能氣由脊發？氣向下沈，由兩肩收入脊骨，注於腰間，此氣之由上而下也，謂之合。由腰形於脊骨，佈於兩膊，施於手指，此氣之由下而上也，謂之開。合便是收，開即是放，能懂得開合，便知陰陽，到此地位，功用一日，技精一日，漸至從心所欲，罔不如意矣。

※　※

馬印書抄本，首題太極小序，末題丁卯端陽日亦畬李氏識。亦畬有生之年，只逢一丁卯，則此序初稿當作於一八六七年（同治六年）。初稿首句，作太極拳始自宋張三豐，武萊緒述其祖禹襄行略，謂太極拳自武當張三豐，善者代不乏人。徐震《太極拳考信錄》辯之曰，萊緒謂（太極拳）傳自張三豐，與李亦畬說顯相背馳。李氏先於萊緒數十年，猶聞陳武兩家之傳述；萊緒此文作於近年，當楊派太極拳盛行之後，附會神仙復為人情所樂從。故雖武氏子孫，亦不求其端，不考其實，於流俗盛傳之語，直襲用而不疑矣。按武延緒撰李公兄弟「家傳」，亦謂河南陳某善是術，得宋張三豐之傳。萊緒、延緒幼受讀於禹襄，禹襄較亦畬為前，卒歲月雖不可考，行略作於李公兄弟家傳之前，則可以斷言。《太極拳考信錄》成於一九三六年。謂萊緒此文作於近年，亦不求其端，不考其實之說。予推定亦畬、萊緒、延緒三人同說，皆聞自禹襄。徐氏指萊緒之說與亦畬背馳，蓋據廉讓堂與郝和藏本後改之序，而未見馬印書抄本小序也。祿禪出身僮僕，無能臆造張三豐。禹襄廩貢生，博覽書史，若太極拳之附會張三豐，不出於禹襄，祿禪、亦畬、萊緒、延緒之說豈能盡同。亦畬、啟軒昆季，皆有聲庠序，俱學拳於禹襄。啟軒精考訂，弟兄切磋拳藝，故亦畬始取禹襄附會之說，而終改之。萊緒、延緒聞之其祖，不明附會，乃以之入禹襄行略及李公兄弟家傳。永年西鄉何營村文生陳秀峰，祿禪子班侯門人也。其太極拳譜全文之首有曰：「武當張三豐老師遺論，欲天下豪傑延年養生，不徒作技藝之末也。」予斷此為禹襄初文以授祿禪者。後來楊氏傳流北京之譜不一其處，無在譜首者，皆書後人改移。

予於一九三〇年，在北平廠肆得王宗岳《陰符槍譜》與楊氏《太極拳譜》合抄本。後一年，赴溫縣訪求太極拳史料，除《打手歌》外，餘皆不見於陳溝、趙堡鎮。遂轉而研究楊氏此譜來歷。最初覓得同治河南省舊圖之有陸路官道者，以尋祿禪往來永年溫縣之跡。考得祿禪往來，毋須繞道黃河之南，故斷此譜必非得於汴洛。陳溝、趙堡、王圪壋三處復無王宗岳傳拳之說，遂測想此譜在北平發見，或流傳其地後，為楊氏所得；又以楊系太極拳諸書附會為內家拳，從練法、打法、名色拳稱之異，斷譜中張三豐遺論，係標取內家拳文獻而來。以其中一篇標題為王宗岳《太極拳論》，故斷張三豐遺論之文出於王宗岳手。其後李福蔭《廉讓堂本太極拳譜》、徐震《太極拳譜理董》、《太極拳譜辨偽合編》及《太極拳考信錄》出版，並獲交郝少如得睹其祖郝和所藏李亦畬寫本太極拳譜，其父月如迻錄本有亦畬跋之太極拳譜，並參證馬印書抄自姨丈亦畬太極拳譜，以及在溫縣調查所得，始能會通此譜來歷、授受、衍變、附會之由來，舊說亦賴以訂正。然前後費時已廿餘載，跋涉凡幾千里矣。求知雖難，而辟偽存真之願終得而償，今取舊作短文，略加修訂，以就正於研究此譜者。

《太極拳考信錄》云，李亦畬太極拳小序於「王宗岳論詳且盡矣」下，繼以後傳至河南陳家溝，此明明王傳陳，非陳傳王也。又云，李亦畬言王傳於陳，豈能臆造，自必聞之其舅武禹襄。武氏亦豈能臆造，則必聞之陳清萍；楊祿禪亦必聞此說於陳溝。故於王宗岳為太極拳先師之說無異議。按王宗岳為太極拳先師之說，予從無異議。所異議者，太極拳始自宋張三豐及王傳陳耳。

一九三〇年，予辨內家拳、太極拳皆非張三豐創始之說出，同年出版之徐氏《國技論略》猶主張所謂太極拳者，創自武當丹士張三豐也。一九三二年《山東國術半月刊》周年紀念號發表徐氏函一通，謂予於考據一道，雖略有所解，亦非斲輪老手，故魯莽滅裂，每至出於武斷，觀彼所作之《少林武當考》及《陳氏世傳太極拳術》後附錄之「太極拳源流考」一篇可以概見。在舊社會，予之「魯莽滅裂」，幾不免於招禍。否定達摩為少林武術之祖，當時翕然無異說；否定張三豐為太極拳之祖，當時險遭不測，雖有自知之明，而不能勇於自制，徐氏可謂旁觀者清矣。予祖貧農，家遺田畝，二叔兼業理髮，苟活於農村之間。父業縫工，轉徙來滬，娶吾母年逾而立。予十餘齡失學，考據一道，初未敢望，徐氏謂予略有所解，誠哉其言！然武斷張三豐非太極拳之祖，徐氏聞之於《太極拳考信錄》，今成為信史，武斷而有所本故也。今再就徐氏王傳於陳之說辨之，以奉教於高明，請恕其不自量。

清萍之太極拳傳於趙堡王圪壋，予在陳溝時，三處拳家均相過從，訪問王譜，了不可得。武氏之譜非得諸清萍。謂王傳於陳，武氏必聞之清萍，其證何在？此亦畬之說不足為據者一也。

太極拳譜武氏得於舞陽縣鹽店，非親得諸王宗岳，亦非得諸陳清萍，有亦畬跋可證。武氏初未聞之王宗岳，亦未聞之陳清萍，明明為亦畬寫小序時臆測之辭，而徐氏信之，此其說之不足為據者二也。

楊氏譜得於武氏，王傳於陳，謂祿禪亦必聞此說於陳溝。以武、楊傳譜一事觀之，不如謂楊聞於武反有佐證。徐氏懸揣其聞於陳溝，陳溝無王譜，亦無王傳於陳之說，此其說之不足據者三也。

陳溝不見王譜，僅見四句及六句之《打手歌》各一首，前文已辨之，茲從略。陳長興生於一七七一年（乾隆三十六年），太極拳為其父秉旺所傳，陳氏家譜有題記可考。苟予所斷一七九一年（乾隆五十六年）及其後宗岳居汴洛時得太極拳之傳，若別無他讓推翻予說，則王傳於陳更不足信矣。陳溝（？）堂本，附陳鑫筆記一則，謂蔣發乾隆時人，其九世祖陳奏庭為康熙時人，戒村人不得再言蔣發為奏庭之師。予在陳溝時，見陳氏宗祠有遺像一幅，旁立持偃月刀者，村人云即蔣發。並云蔣為李際遇部將。果如村人所言，蔣為奏庭之師，合於畫像，陳鑫言蔣發乾隆時人，反不合於畫像。楊系太極拳書謂蔣發為陳長興師，不合於陳氏家譜題記。

《太極考信錄》據其師郝月如之說，云太極拳係王宗岳傳蔣發，蔣發傳陳氏。依徐氏邏輯言之，其說必月如聞諸其父郝和，郝和聞諸其師亦畬，亦畬聞諸舅父武禹襄，禹襄聞諸其師陳清萍。趙堡、王圪壋無王譜之傳，謂禹襄聞諸清萍無證；謂清萍聞諸王宗岳，謂清萍聞諸其師，其師聞諸王宗岳則更無證。則月如所言當出編造，以為王傳於陳作根據耳。予對史料，無論口傳，必考訂定其取捨。如楊系太極拳書言，耿信、紀信為陳長興子。陳氏家譜，長興有子五人，長曰耕芝，二曰耕田，三曰耕森，四曰耕雲，五曰耕禮。家譜註耕雲為拳手，故斷「耿信」為「耕雲」之誤。陳季甡為有恆子。家譜註季甡為神手，故斷「紀信」為「季甡」之誤，非長興子。長興及長興之子若孫，三代與李氏為姻親，祿禪十齡左右被鬻至陳溝，故不取李百魁同去之說，推定其為長興弟子不誤。

楊班侯歿於一八九二年（光緒十八年），壽五十六歲。或言班侯六十歲，猶有踏雪無痕功夫，且為親目所見，將誰信之。至於王宗岳，徐氏《國技論略》初言宗岳傳溫州陳州同，又授河南蔣發，蔣發傳陳家溝陳長興，是以宗岳為明嘉靖間人，兼為內家拳先師矣。《太極拳考信錄》始依予《王宗岳考》一文改訂前說。然於宗岳之授蔣發，蔣發傳陳，猶持舊論，謂據陳鑫之說。陳只言蔣發為乾隆時人，不言宗岳授蔣發，蔣發傳陳也。謂據許寵厚之說，許雖言王宗岳傳河南蔣發，蔣發傳河南陳家溝陳長興，即或其言聞諸楊氏，若楊氏聞諸陳溝，何以陳溝只言蔣發為乾隆時人，不言宗岳授蔣發，蔣發傳陳長興。謂據郝月如之說，則月如雖言宗岳傳蔣，即或其言聞諸郝和，郝和聞諸李亦畬，亦畬聞諸武禹襄，禹襄未親見王宗岳及蔣發。這就使陳溝傳說有蔣發其人，乃禹襄得譜於舞陽後編造。況武、李太極拳著作無一言及蔣發。李亦畬小序何以在「王宗岳論詳且盡矣」下，不接說宗岳傳蔣發，蔣發傳陳長興，而接說後傳至河南陳家溝、陳姓呼？自許寵厚之說出，始十口相傳。苟徐氏信此無以立證之十口相傳，或持「事雖無考，理不外是」之論，予復何說。

郝和藏本首題「太極拳小序」，末題「光緒辛巳仲秋念六日亦畬氏謹識」，較廉讓堂本末題晚一年，從知郝和藏本乃最後定本。亦畬親寫三本，一本自留，餘二本交啟軒、郝和。

唐豪 附識

走架打手行工要言

昔人云，能引進落空，能四兩撥千斤；不能引進落空，不能四兩撥千斤。語甚概括，初學未由領悟，予加數語以解之，俾有志斯技者，得所從人，庶日進有功矣。欲要引進落空，四兩撥千斤，先要知己知彼。欲要知己知彼，先要捨己從人。欲要捨己從人，先要得機得勢。欲要得機得勢，先要周身一家。欲要周身一家，先要周身無有缺陷。欲要周身無有缺陷，先要神氣鼓盪。欲要神氣鼓盪，先要提起精神，神不外散。欲要神不外散，先要神氣收斂入骨。欲要神氣收斂入骨，先要兩膊前節有力，兩肩鬆開，氣向下沈，勁起於腳跟，變換在腿，含蓄在胸，運動在兩肩，主宰在腰，上於兩膊相繫，下於兩胯兩腿相隨。勁由內換，收便是合，放即是開。靜則俱靜，靜是合，合中寓開；動則俱動，動是開，開中寓合。觸之則旋轉自如，無不得力，才能引進落空，四兩撥千斤。平日走架，是知己功夫。一動勢先問自己，周身合上數項不合？少有不合，即速改換。走架所以要慢，不要快。打手是知人功夫。動靜固是知人，仍是問己，自己要安排得好，人一挨我，我不動彼絲毫，趁勢而入，接定彼勁，彼自跌出。如自己有不得力處，便是雙重未化，要於陰陽開合中求之，所謂知己知彼，百戰百勝也。

胞弟啟軒嘗以毯譬之，如置毯於平坦，人莫可攀躋，強臨其上，向前用力後跌，向後用力前跌，譬喻甚明，細揣其理，非捨己從人一身一家之明證乎？得此一譬，引進落空，四兩撥千斤之理，可盡人而明矣。

※　※

此篇共分兩段，中言走架行工者只：「平日走架，是知己功夫。一動勢，先問自己，周身合上數項不合？少有不合，即速改換，走架所以要慢不要快」一節。其餘皆言打手行工也。郝和藏本此篇亦畬列為己作，廉讓堂本輯入亦畬著作內是也。

唐豪 附識

十三式行功要解

以心行氣，務使沈著，乃能收斂入骨。所謂：「命意源頭在腰隙」也。意氣須換得靈，乃有圓活之趣。所謂：「變換虛實須留意」也。

立身中正安舒，支撐八面：行氣如九曲珠，無微不到。所謂：「氣遍身軀不稍滯」也。
發勁須沈著鬆靜，專注一方。所謂：「靜中觸動動猶靜」也。
往復須有折疊，進退須有轉換。所謂：「因敵變化示神奇」也。
曲中求直，蓄而後發。所謂：「勢勢存心揆用意，刻刻留心在腰間」也。
精神能提得起，則無遲重之虞。所謂：「腹內鬆淨氣騰然」也。
虛領頂勁，氣沈丹田，不偏不倚。所謂：「尾閭正中神貫頂，滿身輕利頂頭懸」也。
以氣運身，務順遂，乃能便利從心。所謂：「屈伸開合聽自由」也。
心為令，氣為旗；神為主帥，腰為驅使。所謂：「意氣君來骨肉臣」也。

※　※

此篇郝和藏本輯入武禹襄著作的《打手要言》篇內，郝和藏本是李亦畬親筆所寫，亦畬又為禹襄弟子，且是甥舅，則此篇之為禹襄作，可謂不生疑問。今福蔭手輯廉讓堂本，列入亦畬著作內，蓋並未一考。亦畬親筆所寫現存十一叔父遜之處之一本，兼之福蔭晚亦畬兩世，不曾親見親聞之故耳。

唐　豪　附識

撒放密訣

擎：擎起彼勁借彼力（中有靈字）。
引：引到身前勁始蓄（中有斂字）。
鬆：鬆開我勁勿使屈（中有靜字）。
放：放時腰腳認端的（中有整字）。

※ ※

擎、引、鬆、放四字，有四不能：腳手不隨者不能，身法散亂者不能，一身不成一家者不能，精神不團聚者不能。欲臻此境，須避此病，不然，雖終身由之，究莫明其精妙矣。

郝和藏本無末節，與廉讓堂本同列為亦畬自己著作。末節為福蔭補入，其成當在光緒七年之後，故郝和藏本無此節。

唐豪 附識

實非全然站煞，實中有虛；虛非全然無力，虛中有實。下圖舉一身而言，雖是虛實之大概，究之周身，無一處無虛實，又離不得此虛實。總要聯絡不斷，以意使氣，以氣運勁，非身子亂挪，手足亂換也。虛實即是開合，走架、打手著著留心，愈練愈精。功彌久，技彌巧尚矣。

左虛右實之圖

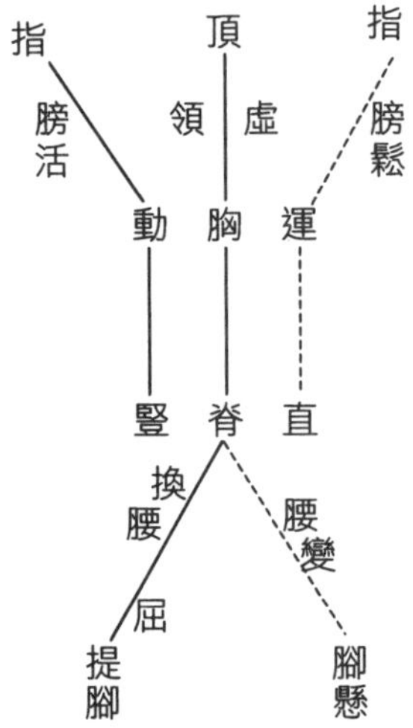

郝和藏本無此篇。馬印書與廉讓堂本皆列在亦畬著作內。馬印書為亦畬姨甥，生於一八六六年（同治五年丙寅），親見親聞，為亦畬作無疑。郝和本無此篇者，出於亦畬後作也。原尚有一「右虛左實之圖」，從略。

唐豪 附識

敷字訣解

敷，所謂一言以蔽之也。人有不習此技，而獲聞此訣者，無心而白於余。始而不解，及詳味之，乃知敷者，包獲周匝，人不知我，我獨知人，氣雖尚在自己骨裡，而意恰在彼皮裡膜外之間，所謂氣未到而意已呑也。妙絕！妙絕！

※　※

馬印書本亦列在亦畬著作內。一九三六年節抄廉讓堂石印本。

唐　豪　附識

打手撒放

掤　上平聲　業　入聲　噫　上聲　咳　入聲　呼　上聲　吭　呵　哈

不題誰作，亦畬寫貽郝和本，及李福蔭廉讓堂本，均列於《打手歌》後，亦畬五字訣序前。徐震《太極拳譜理·董序》斷為：「打手撒放八字，亦武氏自記其心得」，予認為可能是武氏自記其心得。

唐　豪　附識

附錄2 其他拳論（顧留馨考釋）

一、拳經總歌

陳王廷

縱放屈伸人莫知，諸靠纏繞我皆依，劈打推壓得進步，搬撂橫採也難敵。鈎掤逼攬人人曉，閃驚取巧有誰知，佯輸詐走誰云敗，引誘回衝致勝歸。滾拴搭掃靈微妙，橫直劈砍奇更奇，截進遮攔穿心肘，迎風接步紅炮捶。二換掃壓掛面腳，左右邊簪莊跟腿，截前壓後無縫鎖，聲東擊西要熟識。上籠下提君須記，進攻退閃莫遲遲，藏頭蓋面天下有，攢心剁脇世間稀。教師不識此中理，難將武藝論高低。

註：此歌見於陳氏兩儀堂本拳譜，歌辭顯受戚繼光《拳經》影響，為總括太極拳五路、長拳一百八勢一路及炮捶一路之理法，唐豪考定為陳王廷原著。

二、太極拳經譜

陳鑫

太極兩儀，天地陰陽，闔闢動靜，柔之與剛。屈伸往來，進退存亡，一開一合，有變有常。虛實兼到，忽見忽藏，健順參半，引進精詳。或收或放，忽弛忽張，錯綜變化，欲抑先揚。必先有事，勿助勿忘，真積力久，質而彌光，盈虛有象，出入無方，神以知來，智以藏往。賓主分明，中道皇皇，經權互用，補短截長。神龍變化，疇測汪洋？沿路纏綿，靜運無慌。肌膚骨節，處處開張，不先不後，迎送相當。前後左右，上下四旁，轉接靈敏，緩急相將。高擎低取，如願相償，不滯於跡，不涉於虛，至誠運動，擒縱由余，天機活潑，浩氣流行。佯輸詐敗，制勝權衡，順來逆往，令彼莫測。因時制宜，中藏妙訣，上行下打，斷不可偏。聲東擊西，左右威宣，寒往暑來，誰識其端？千古一日，至理循環，上下相隨，不可空談。循序漸進，仔細研究，人能受苦，終躋渾然，至疾至迅，纏繞回旋，離形得似，何非月圓。精練已極，極小亦圈，日中則昃，月滿則虧。敵如詐誘，不可緊追，若逾界限，勢難轉回。況一失勢，雖悔何追？我守我疆，不卑不亢，九折羊腸，不可稍讓，如讓他人，人立我跌，急與爭鋒，能上莫下；多佔一分，我據形勝，一夫當關，萬人失勇。沾連黏隨，會神聚精，運我虛靈，彌加整重。細膩熨貼，中權後勁，虛籠詐誘，只為一轉；來脈得勢，轉關何難？實中有虛，人己有參；虛中有實，孰測機關？不遮不架，不頂不延（遲也），不軟不硬，不脫不沾，突如其來，人莫如其所以然，只覺如風摧倒，跌翻絕妙，靈境難以言傳。試一形容：手中有權，宜輕則輕，斟酌無偏；宜重則重，如虎下山。引視彼來，進由我去；來宜聽真，去貴神速。一窺其勢，一覘其隙，有隙可乘，不敢不入，失此機會，恐難再得！一點靈境，為君指出。至於身法，原無一定，無定有定，在人自用。橫豎顛倒，立坐臥挺，前俯後仰，奇正相生。回旋倚側，攢躍皆中（皆有中氣放收，宰乎其中），千變萬化，難繪其形。氣不離理，一言可罄，開合虛實，即為拳經。用力日久，豁然貫通，日新不已，自臻神聖。渾然無跡，妙手空空，若有鬼神，助我虛靈，豈知我心，只守一敬。

三、太極拳纏絲勁論

陳　鑫

太極拳，纏法也。纏法如螺絲形運於肌膚之上，平時運動恆用此勁，故與人交手，自然此勁行乎肌膚之上，而不自知，非久於其道不能也。其法有：進纏、退纏；左纏，右纏；裡纏，外纏；順纏，逆纏；大纏，小纏。而要莫非以中氣行乎其間，即引即進，皆陰陽互為其根之理也。或以為軟手；手軟何能接物應事？若以跡象視之，似乎不失於硬，故以為軟手。其周身規矩：頂勁上領，襠勁下去（要撐圓，要合住）；兩肩鬆下，兩肘沈下，兩手合住，胸向前合；目勿旁視，以手在前者為的；頂不可倒塌，胸中沈心靜氣；兩膝合住勁，腰勁下去；兩足常用鈎勁，須前後合住勁。外面之形，秀若處女，不可帶張狂氣，一片幽閑之神，盡是大雅風規；至於手中，其權衡皆本於心，物來順應，自然合進退、緩急、輕重之宜，此太極之陰陽相停，無少偏倚，而為開合之妙用也。其為道豈淺鮮哉！

四、宋書銘傳抄太極拳譜

（作者待考）

十六關要論

蹬之於足，行之於腿，縱之於膝，活潑於腰，靈通於背，神貫於頂，流行於氣，運之於掌，通之於指，斂之於髓，達之於神，凝之於耳，息之於鼻，呼吸往來於口，渾噩於身，全體發之於毛。

心會要訣

腰脊為第一之主宰，喉頭為第二之主宰，地心為第三之主宰。

丹田為第一之賓輔，掌指為第二之賓輔，足掌為第三之賓輔。

八字歌

掤攦擠按世間稀，十個藝人九不知；若能輕靈並堅硬，沾連黏隨俱無疑。

採挒肘靠更出奇，行之不用費心思；果能沾黏連隨字，得其環中不支離。

功用歌

輕靈活潑求懂勁，陰陽既濟無滯病，若得四兩撥千斤，開合鼓盪主宰定。

註：以上四篇係從宋書銘傳抄拳譜中錄出。許禹生《太極拳勢圖介》說：「有宋書銘者，自云宋遠橋後，久客項城（袁世凱）幕，精易理，善太極拳術，頗有所發明，與余素善，日夕過從，獲益匪鮮。本社（北平體育研究社）教員紀子修、吳鑒泉、劉恩綬、劉彩臣、姜殿臣等多受業焉。」許又說：「唐許宣平，所傳太極拳術名三世七，因只三十七勢而得名。其教練之法，為單勢教練，令學者一勢練熟，再授一勢，無確定拳路。功成後各勢自能互相連貫，相繼不斷，故又謂之長拳。其要訣有：八字歌、心會論、周身大用論、十六關要論、功用歌。傳宋遠橋。」

考宋書銘所練太極拳，實以楊式為基礎，改成三十七個單練的勢，任意錯綜連貫，確為「頗有所發明」，托名傳自唐許宣平，傳之宋遠橋，以自神其術。所傳抄拳譜，絕不類唐人文辭，開合鼓蕩，乃武禹襄、李亦畬拳論中語，疑為宋書銘自著，托始於唐人。宋書銘不知陳氏太極拳另有長拳一百八勢一路，故以自造之單式連貫練法為長拳。至於拉扯唐人為遠祖，亦為無聊。所謂精易理的幕客，好弄玄虛，初非偶然。劉彩臣學生李先五著有《太極拳》，可供參考宋書銘的拳姿。

顧留馨 附識

五、楊澄甫傳抄太極拳譜

太極平準腰頂解

頂為準頭，故曰頂頭懸也；兩手即左右之盤也，腰即根株也；立如平準，有平準在身，則所謂輕重浮沈，分釐絲毫，莫不顯然可辨矣。有平準之頂頭懸（乃是從頭頂至腰之根株下，胸門至尾閭間為一條線）歌曰：

上下一條線，全憑兩手轉，變化取分毫，尺寸自己辨，車輪兩命門，一纛搖又轉。心令氣旗使，自然隨我便，滿身輕利者，金剛羅漢煉，對待有往來，是早或是晚，合則發放去，不必凌霄箭。涵養知多少，一氣哈而迷，口授須秘傳，開門見中天。

太極正功解

太極者圓也，無論內外上下左右，不離此圓也。太極者方也，無論內外上下左右，不離此方也。圓之出入，方之進退，隨方就圓之往來，方為開展，圓為緊湊。方圓規矩之至，孰能出此以外哉。如此得心應手，仰高鑽堅，神乎其神，是隱顯微，明而且明，生生不已，欲罷不能。

太極輕重浮沈解

1.雙重為病，病於填實，與沈之不同也。

2.雙沈不為病，自爾騰虛，與重之不一也。

3.雙浮為病，病為漂渺，與輕之不例也。

4.雙輕不為病，天然輕靈，與浮之不等也。

半輕半重不為病，半者，半有著落，所以不為病。

偏輕偏重為病，偏者，偏無著落，所以為病。因無著落，必失方圓；半有著落，豈出方圓。

5.半浮半沈為病，失之不及也。

6.偏浮偏沈為病，失之太過也。

7.半重偏重為病，滯而不正也。

8.半輕偏輕為病，靈而不圓也。

9.半沈偏沈為病，虛而不正也。

10.半浮偏浮為病，茫而不圓也。

11.夫雙輕不近於浮，則為輕靈；雙沈不近於重，則為離虛。故曰上手輕重，半有著落，則為平手。除此三者之外，皆為病手，蓋內之虛靈不昧，自然致於外，則清明在躬，流行於肢體間矣。若不窮研輕重浮沈之手，有掘井徒勞不及泉之嘆。然方圓四正之手，能表裡精粗無不到者，則已及大成，又何慮有四隅以出方圓乎。亦即所謂「方而圓」，「圓而方」，超乎象外，得其寰中之上手也。

太極力氣解

氣走於膜絡筋脈，力出於血肉皮骨。故有力者外壯於皮骨，形也；有氣者內壯於筋脈，象也。氣血功於內壯，血氣功於外壯。要之，明於氣血二字之功，能自知力氣所由來；知力氣之所以然，自知用力行氣之各異。蓋行氣於筋脈，用力於皮骨，大不相侔也。

太極文武解

文者體也，武者用也。文功武用於精氣神，謂之文體；武功得文體於心身，謂之武事。夫文武尤有火候之謂。

在「捲放」得其時中，文體之本，武事文為，乃屬於柔軟文體也。在「蓄發」適當其可者，武事之根，文事武用，乃屬於堅剛武事也。精氣神與筋骨，乃文事武用；若堅剛武事，乃心身內之骨力也。夫文無武之預備，是有體無用；武無文之伴侶，是有用無體。

獨木難支，孤掌不鳴，不唯文體武事如此，天下事，事事皆如此理也。文者內理也，武者外數也。有外數無內理，必為血氣之勇，失去本來面目，欺敵必敗；有內理無外數，徒思安靜之學，未知用以操戰，差微則亡耳。自用及於人，文武二字之解，豈可忽哉。

沾黏連隨解

提上拔高謂之沾，留戀繾綣謂之黏，

捨己無離謂之連，彼走此應謂之隨。

要知人之知覺運動，非明沾黏連隨不可，斯沾黏連隨之功夫，亦甚細矣。

頂匾丟抗解

頂者出頭之謂，匾者不及之謂，

丟者離開之謂，抗者太過之謂。

要知此四字之病，不但沾黏連隨之功斷，且不明知覺運動矣，初學者不可不知，更不可不去此四病，所難在沾黏連隨中不許頂匾丟抗，是所不易也。

對待無病

頂匾丟抗失之對待也，所以謂之病，既失沾黏連隨，何能得到知覺運動？既不能知之於己，焉能知人？所謂對待無病者，乃不以頂匾丟抗對待於人，要以沾黏連隨對待於人耳。能如是，不但無病，知覺運動自然得之，可以進於懂勁之功矣。

對待用功法守中土歌

定之方中足有根，先明四正進退身，掤攌擠按自四手，須費功夫得其真。身形腰頂皆可以，沾黏連隨意氣君，運動知覺來相應，神是君位骨肉臣。分明火候七十二，天然乃武並乃文。

太極圈歌

退圈容易進圈難，不離腰頂後與前，所難中土不離位，退易進難仔細研，此為動功非站定，以身進退並比肩，能如水磨動急緩，雲龍風虎像周旋，要用天盤從此覓，久而久之出天然。

太極四隅解

四正，四方也，所謂掤攌擠按是也。初不知方能使圓，方圓復始之理，生生不已，焉有出隅之手哉。緣人外之肢體，內之神氣，甚難得方圓四正之功，始出輕重浮沈之病，則有隅矣。例如，半重偏重之滯而不正，自出採挒肘靠之隅手，或雙重填實，亦出隅手也。

病多之手，不得已以隅手扶之，使復歸於方正圓中之內，採用肘靠者，亦由此以補其缺爾。夫日後功夫能至上乘者，亦須獲採挒之功，使之仍歸大中至正，是則四隅之用，乃扶體而補其缺者也。

太極武事解

太極武事，外操柔軟，內含堅剛，常求柔軟之於外，久之自可得內之堅剛，非有心之堅剛，實有心之柔軟也。所難者內要堅剛而不施於外，終柔軟以迎敵，即以柔軟而迎堅剛，使堅剛化為烏有耳。曰，何以致之哉？其要，非沾黏連隨之功已成，由於知覺運動得之後，進為懂勁，懂勁後自可階及神明之化境，最後當可完成而致之矣。

夫四兩撥千斤之妙，倘功不及化境，將何以能？是則懂得沾黏連隨後，乃能得其視聽輕靈之功耳。

太極懂勁先後論

夫未懂勁之先，常出頂匾丟抗之病；既懂勁之後，又恐出俯仰斷續之病。既未懂勁，固然出病手；既已懂勁，何以又出病手？蓋勁似懂未懂之際，正在兩可，斷接無準，故出病；神明尚猶不及，俯仰無著落，亦易出病；若不出「斷接俯仰」，非真懂勁，不能不出此病也。

故未真懂者，乃由視聽無由，未得其確耳，如知：瞻、眇、顧、盼之視覺，起、落、緩、急之聽知，閃、還、撩、瞭之運覺，轉、換、進、退之動知，是為真懂勁。

懂勁後自可階及神明，自得屈伸進退之妙，如此屈伸動靜，開合升降，自有由矣。由屈伸動靜，見入則開，遇出則合，觀來則降，就去則升。夫而後才能真及神明矣。明乎此，日後豈可不慎行坐臥走站、飲食溺溷之功，以協進其效，是則可謂將及中成大成也哉。

太極尺寸分毫解

功夫先練開展，後練緊湊，開展成而得之，才講緊湊，緊湊成功後，才講尺寸分毫。蓋尺位之功成，而後能以寸位分，寸位功成後以分位分；分位功成後，以毫位分。此所謂尺寸分毫之理也明矣。然尺必十寸，寸必十分，分必十毫，其數在焉。古云：對待者數也。知其數則能得尺寸分毫，然而雖知其數，苟非有秘傳，又安能量之哉。

※　※

註：此譜係沈家楨從楊澄甫老師處抄得，共有四十三篇論文，據云由其祖楊祿禪傳下，何處得來不知。其中有王宗岳太極拳論、武禹襄十三勢行工心解各一篇。但俱未註明作者姓名。茲摘錄其中十四篇，作者姓名待考。原題為《王宗岳太極拳譜》，顯為妄題。

顧留馨　附識

附錄3 古典太極拳論作者小傳

一、明 陳王廷傳

陳王廷，河南溫縣陳家溝人，陳家溝陳氏九世，出身於地主官僚家庭，擅長武術，據《陳氏家譜》所記：「在山東稱名手，……陳氏拳手刀槍創始之人也。」甲申年（一六四四）明朝覆亡的前後，陳王廷已年老，隱居消極，造拳自娛，教授弟子兒孫。遺詞上半首有「嘆當年，披堅執銳，……幾次顛險！蒙恩賜，枉徒然！到而今，年老殘喘，只落得，黃庭一卷隨身伴。悶來時造拳，忙來時耕田，趁餘閒，教下些弟子兒孫，成龍成虎任方便。……」據《陳氏拳械譜》，陳王廷所造拳套，有太極拳（一名十三勢）五路，長拳一百八勢一路，炮捶一路。戚繼光《拳經》三十二勢，被吸取了二十九勢。

陳王廷在整理武術套路上，受戚氏的影響很大。戚氏《拳經》三十二勢，綜合民間古今十六家拳法，取精去粗，以三十二個姿勢編成拳套，作為士兵活動身手的

「武藝之源」；陳王廷吸取了其中二十九勢編入太極拳套路，光是「長拳」，就匯集了一百零八個不同姿勢，可見其吸收拳種之多。《拳經》三十二勢以「懶扎衣」為起勢，陳王廷所造七套拳路，也都以「懶扎衣」為起勢（圓領而腰帶的衣服，自殷代一直沿用到明代。明人長服束腰，演拳時須將長服捲起來塞於腰帶中，以便動步踢腿。戚氏《拳經》起勢「懶扎衣」，左手撩衣塞於背部腰帶，右拳橫舉向後，目視左前方。稱作「懶扎衣」者，表示臨敵時隨意撩衣應戰，乃武藝高強，臨敵不慌不忙之意。戚氏「懶扎衣」歌訣所謂「臨敵若無膽向先，空自眼明手便」），所製拳譜和《拳經總歌》，也擷取戚氏《拳經》歌訣文辭。

陳王廷造拳的創造性成就，是結合了導引、吐納，使能在練拳時汗流而不氣喘，加強柔化剛發的爆發力量；纏繞運轉的纏絲勁練法則是結合了經絡學說；陰陽、虛實、柔剛俱備的拳理則是採取了陰陽學說。雙人推手和雙人黏槍的方法，是陳王廷獨創性的成就，以沾連黏隨、不丟不頂、柔中寓剛、無過不及為基本原則，成為太極拳學派獨有的競技方法；解決了不用護具設備也可以練習徒手搏擊技巧和提高刺槍術的問題。這是我國武術史上具有劃時代意義的創造性成就。

陳王廷《拳經總歌》開頭兩句話：「縱放屈伸人莫知，諸靠纏繞我皆依」（「

諸靠」是指的兩人以手臂互靠，運用「掤、攦、擠、按；採、挒、肘、靠」八種方法和勁別），概括地說明了「推手」的特點和方法。到十八世紀末葉，王宗岳、武禹襄和李亦畬，據以發揮太極拳推手的理論和練法，各自寫下了總結性的太極拳論文。陳家溝陳氏十六世的陳鑫，闡累代積累的練拳經驗，用十三年的時間，寫成《陳氏太極拳圖說》，逐勢詳其理法，以易理說拳理，結合經絡學說，其拳法以柔剛相濟、快慢相間、蓄發相變為原則，始終貫穿有纏絲勁，並以內勁為統馭。這些都已成為練習太極拳和練習推手的指導性理論。

陳家溝陳氏世代傳習陳王廷所造拳套，經五傳至十四世陳長興這一代，陳氏已僅專精於太極拳第一路和炮捶一路，亦即今日尚在傳習的陳式太極拳第一路和第二路。楊式太極拳和武式太極拳，即是直接從陳長興這一代的陳式太極拳第一路演變而來。

太極拳今日風行國內，在療病保健方面為人民健康事業作出了貢獻，並已引起國際體育界、醫學家的重視，推本溯源，陳王廷在繼承、整理和研究中國武術方面有不少貢獻。

陳王廷生卒年份雖不可考，但據理推算，太極拳的創造，當在十七世紀中葉的明末清初。

二、清　王宗岳傳

王宗岳，山西人，著有《陰符槍譜》，佚名氏於一七九五年（乾隆六十年乙卯歲）序云：「蓋自易有太極，始生兩儀，而陰陽之義以名。……山右王先生，自少時經史而外，黃帝、老子之書及兵家言，無書不讀，而兼通擊刺之術，槍法其尤精者也。蓋先生深觀於盈虛消息之機，熟悉於此齊步伐之節，簡練揣摩，自成一家，名曰：《陰符槍》。……辛亥歲（一七九一），先生在洛（洛陽），即以示余，余但觀其大略，而未得深悉其蘊，每以為憾！余應鄉試居汴（開封），而先生適館於汴，退食之餘，復出其稿示余，乃悉心觀之。……先生常謂余曰：余本不欲譜，但悉心於此中數十年，而始少有所得，……於是將槍法集成為訣，而明其進退變化之法，囑序於余，因志其大略而為之序云。」據此序，王宗岳晚年以教書為職業，衣食奔走於洛陽、開封兩地，一七九五年（乾隆六十年）仍健在。因此，可以推測王宗岳可能生於乾隆初年。洛陽、開封與溫縣陳家溝僅隔一黃河，王宗岳得陳家溝太極拳之傳，當在寄寓洛陽、開封期間。

王宗岳約當於陳長興之父陳秉旺、伯父陳秉壬、叔父陳秉奇同一時期，秉壬、秉旺、秉奇為當時陳家溝著名拳手，人稱三雄，與族人陳公兆、陳大興齊名，而陳大興則外遊（家譜旁註為「不家」。）秉壬、秉旺、秉奇父善克，公兆父節，俱以家傳太極拳著名，同時有族人陳繼夏善肘，陳敬柏善靠，蓋自陳家溝陳氏九世祖陳王廷創造太極拳後，經三、四傳至十二、十三世，名手輩出，王宗岳處於陳氏太極拳家鼎盛時期，較易得其理法。惟王宗岳從何人習得太極拳，以及所傳何人，今已不可考。

王宗岳的太極拳著作有《太極拳論》一篇，長拳、十三勢解各一篇，修訂陳氏舊有《打手歌》一首六句。武式太極拳創造人武禹襄之兄武澄清於一八五二年官河南舞陽縣知縣時，於鹽店得其拳譜。

王宗岳太極拳論文的哲學觀點，吸取了一七五七年（乾隆二十二年）出版於江西的《周子全書》，這是一部十一世紀到十八世紀時人闡發周敦頤（一〇一七－一〇七三）哲學「太極圖說」的結集。《太極拳論》中「太極者，無極而生，陰陽之母也」、「無過不及」、「不偏不倚」、「動之則分，靜之則合」、「陰不離陽，陽不離陰，陰陽相濟，方為懂勁」等句，是來源於《周子全書》中「無極而太極」，

「太極生陰陽」、「無過不及」、「不偏不倚」、「陽主動而陰主合，故陽曰變而陰曰合」、「陰陽不相離，又有相須相互之妙」等句的。末句為胡熙（一六五五—一七三六）語。根據胡熙卒年和《周子全書》出版期，可以確定王宗岳的《太極拳論》作於一七五七年（乾隆二十二年）以後。

王宗岳得太極拳、長拳一百零八勢及推手之傳，這從他所寫的《太極拳論》、《打手歌》及「長拳者，如長江大海，滔滔不絕」等句中可以看出。

過去某些太極拳書，誤以王宗岳為明代內家拳家關中王宗為一人，並有附會王宗岳傳蔣發之說。蔣發為明末清初太極拳創造人陳王廷之僕，上距王宗岳約百年。至於張三豐傳王宗岳之說，《明史》及《太和山（武當山）誌》都隻字未提及張三豐會武術，何況張三豐為元末明初人，與王宗岳相去約四百年，妄加牽連，不值一駁。

王宗岳的《太極拳論》和《十三勢解》以太極兩儀立說，《長拳解》以五行八卦立說，槍法則以陰符立說。陰，暗也；符，合也。陰符者，「靜處為陰動則符」也；陰符槍訣主張陰陽、剛柔、虛實互用，黏隨不脫，如蛇纏物，與太極四黏槍的纏繞黏隨相一致，唐豪著有《王宗岳陰符槍譜》，一九三六年於上海出版。

三、清　武禹襄傳

武河清，字禹襄（一八一二—一八八〇），河北永年人。曾祖靜遠，以武庠生授衛千總職；祖父大勇，字德剛，弱冠遊武庠；父烈，邑庠生。兄澄清，字霽宇，號秋瀛（一八〇〇—一八八四），道光十四年（一八三四）甲午科舉人，咸豐二年（一八五二）壬子科會試進士，官河南舞陽縣知縣；弟汝清，字酌堂，道光五年（一八二五）乙酉科舉人，二十年（一八四〇）庚子科進士。官刑部四川司員外郎。禹襄兄弟三人祖傳武術，當楊祿禪於壯年自陳家溝返永年，寄居於太和堂藥號，授拳自給。太和堂藥號為祿禪主人陳德瑚①先世所設，屋址則租自武氏；禹襄兄弟三人愛祿禪拳技，遂從問業。禹襄既有得於祿禪，而以祿禪有珍秘不傳外復擬訪祿禪之師陳長興求益。一八五二年，禹襄赴兄澄清舞陽縣任所，便道去陳家溝，途經趙堡鎮，知長興已老病，時陳清萍贅婿於趙堡鎮教拳，遂改從清萍學技，始知長興所傳者為陳氏老架，清萍所傳者為陳氏新架；學習月餘，通其理法。歸語家人曰：陳氏太極拳之精妙處，我已得之矣，茲後在下苦功夫耳。

澄清於舞陽鹽店得王宗岳太極拳譜，禹襄見之，更有發悟，遂發揮王氏舊譜之義，成《打手要言》、《十三勢行工心解》各一篇，又歸納鍛鍊要領為《身法十要》。②

祿禪次子鈺，字班侯，從禹襄讀書，祿禪嘗問班候讀書之資稟如何，禹襄以為讀書不甚聰敏，習拳極為領悟。祿禪遂請禹襄多課以拳技。故班侯之技多得之禹襄；祿禪學於陳氏者為老架，姿勢寬大，而楊氏所傳有大架小架之別者，以班侯學於禹襄者為緊湊架式之故。

禹襄嘗監修縣城，方巡視間，班侯自都中歸，將及城，見禹襄，遙為致敬，禹襄謂曰：「別來技進如何？我試擊汝，汝試應之。」因作進擊勢，班侯作勢為對；禹襄曰：「未可。」三試皆不當意。班侯有疑色，禹襄因曰：「趣至我家，我即回，不徵實，汝且不信。」歸與班侯試，班侯三進，禹襄三仆之，並語以所以然之故，班侯乃大服。班侯性剛驕躁，於人言詞無所讓，獨於禹襄之技，終身欽服。

---

①陳德瑚官翰林院待詔，不禁家人習武，陳長興為陳家溝著名拳師，居室陋隘，晚間聚同族習武於德瑚家前廳。楊祿禪時在陳德瑚家中為僮，侍候長興極殷勤，得隨同習拳，勤學苦練，卒成太極拳名手。德瑚先世於乾隆年間在永年設太和堂藥號。

②尚有《四字密訣：敷、蓋、對、吞》，或以為武禹襄所作，非也，余別有考證。

禹襄拳式緊小，不同於陳式老架、新架，亦不同於楊氏大架、小架，乃學而後化，自成一家。武禹襄是個地主，但他讀書不仕，兄弟宦遊於外，他獨居鄉里，以授讀自遣，暇則致力於太極拳。故老相傳他手臂有三百斤之力，而猶多招門客擇其力大有勇者與之相撲，以驗技巧，故其術尤為精到。禹襄不需以拳技授徒自給，當時士大夫階層亦不樂於為拳師，故其拳式所傳不廣。禹襄臨終，猶為侍疾諸人論拳術，娓娓不倦。從學者以其甥李亦畬為技術最優。

四、清　李亦畬傳

李經綸，字亦畬（一八三二—一八九二），河北永年望族。父世馨，字貽齋，咸豐元年辛亥（一八五一）歲貢生，候選訓導；同治元年壬戌（一八六二）舉孝廉方正，不仕；性聰敏，工小楷。

亦畬有弟三人，長弟承綸，字啟軒，光緒元年乙亥（一八七五）舉人，勤著述，好考古；次弟曾綸，字省三；三弟兆綸，均有聲庠序。

鄭元善中丞督師河南，延請經綸入幕，參贊軍機，報請朝命以巡檢用。後辭歸，經商，復從次弟曾綸習種牛痘，兄弟二人全活小兒患痘疹者甚眾。廣平府太守長啟

（滿族）聞而善之，為立局開診，先後二十餘年。

咸豐癸丑（一八五三），亦畬年二十二，始從母舅武禹襄學太極拳，身體力行者二三十年，仿禹襄總結經驗體會之法，隨時記錄，黏貼於牆壁，一再修訂，最後整理成文，著有《五字訣》（心靜、身靈、氣斂、勁整、神聚）一篇、《撒放密訣》（擎、引、鬆、放）一篇、《走架打手行工要言》一篇、《太極拳小序》及跋各一篇，於一八八一、一八八二年間將王宗岳太極拳譜、武禹襄太極拳論文益以己作，手抄三本，一自存，一交弟啟軒，一交門人郝和（字為真，一八四九－一九二〇），近代治太極拳者，奉為經典論文。

亦畬軀幹短小，目近視，而數十年純功，始於守中、中於行氣，歸於凝神致虛。以虛靈為體，以因循為用，比手時變臉變色，靜以待動，當之者輒騰空而出。

相傳有鏢師過永年，聞其名，請人介見，談次欲一觀其長。亦畬曰：「太極拳無硬功可見，其奇妙在因敵變化，君倘擊我，則我長立見。」鏢師初不肯，亦畬曰：「然則君終不能識太極拳之長矣。」鏢師曰：「如是，則吾宜一識，幸恕不遜。」亦畬曰：「甚善。」時亦畬立屋中，鏢師鼓勇奮擊，亦畬不閃避而以胸臂承之，鏢師忽飛起離地，斜上四尺許，身擲於壁，下撲於床。鏢師暈眩不能動者久之，及起，拱手謝曰：「吾今乃知太極拳另有神妙處也。」遂訂交而去。

又相傳有僧聞亦畬名至永年，會亦畬家人有行婚禮者，僧乃具幣為賀，亦畬不知其意在拳技，以為諸弟有與相識者。僧入門則專與亦畬語，逮其送客將至門，僧張兩臂按亦畬曰：「請留步。」亦畬舉手曰：「安可。」略一推讓，而僧已於不自覺間被擲出門閾，植立街中矣。僧去而啜茗，謂茶肆中人曰：「此間李大先生拳法誠妙，名不虛傳。」肆中人以告亦畬，相與大笑。

亦畬所傳拳技，以門人郝和為最精。亦畬晚年逢前來訪技比手者，輒令郝和周旋云。

※　　※

附註：此傳根據資料：1.《續修永年縣誌》。2.武延緒（一八五七—一九一六）《李公兄弟家傳》（延緒為禹襄之孫，邵瑞彭有《翰林院庶吉士武公（延緒）家傳》）。3.郝和藏《李亦畬手抄本太極拳譜》。4.徐震《李經綸傳》稿本。5.據郝少如所述。

五、郝為真傳

郝和，字為真（一八四九－一九二〇年），河北永年人。他體貌魁偉，敦厚強毅，深嗜武技，及觀李亦畬打手，遂改從亦畬專心學太極拳，兩年餘僅得粗跡，勤學苦練者六載。亦畬嘆其誠篤，乃授之真訣，自此功力日進。能置椅尋丈外，無所倚傍，投人安坐其上，略不傾跌，屢試不一爽。又能手引壯士，使搖晃不能自主，而仍黏隨不脫。愛觀劇，嘗見鄰童被擠號泣，亟排眾人，掖至身前，環兩臂翼蔽之，眾湧激若潮，屹立不稍動。相傳永年有羅建勛者，矯健多力，能超距登屋，踵門請角，為真再三卻謝而後許焉。勛作勢疾進，為真靜以待之，逮其近身，振手觸之，勛身擲起數尺而墮，乃大服而去。

清河葛老泰，精八方捶，授徒千餘，聞亦畬名，請師事，亦畬使從學於為真，泰殊勉強。亦畬知其意，命與為真相搏，甫合，為真以推手中擒拿法進擊泰膊，泰臂不能脫，足不能移，身不能轉，呼曰：「釋我！釋我！」為真曰：「能動乎？」曰：「不能矣。」乃釋之。泰自此心服，且命其子順成來就學。凡為真勝人多類是，不使負者受創傷。為真本業米號，大車運米來，輒左右手各平舉袋米重百斤卸之以練力，故其力倍於常人，自得亦畬指授蓄發提放之術，以虛靈為體，以因循為用，是以善勝而能服人之心。

民國初年，為真去北京探訪親友楊健侯等，其時北京名拳師咸集，蒲陽孫祿堂習形意、八卦數十年，年逾五十，久負盛譽，有活猴孫祿之稱，嘗欲與盟弟楊澄甫交流拳技，澄甫以為各守所長足矣。而祿堂學太極拳之念益切，聞為真至，乃迎致於家，自列為弟子。為真常語弟子曰：「亦畬先生短小而弱，吾終不能敵，知此術之妙，不在稟質強弱也；亦畬先生卒未幾時，吾即追及之，知有生之日，固有進無止也。」又曰：「自初發悟，至於有成，走架之境凡三變：初若身立水中，隨水波之推蕩；稍進，則如善游者與水相忘，故走架時有足不履地，任意浮沈之概；又進，則步愈輕靈，若自忘其身，直如行於水面，飄然為凌雲之遊也。」又曰：「方走架，必精神專一，若有敵當前也；及遇敵，又當行所無事，如未嘗有人也。」然從學者皆不能持之以恆，故莫能窮其妙。

武、李為永年世族，皆以儒生自居，不輕以拳技授人，所著拳論，言簡意賅，精要處非口授身演不能窮其精妙，獨為真能傳其竅要。

為真初在舅父米號中從業，按時送米至李亦畬家，遂得從學拳技，亦畬見其勤學而薪給微薄，資助自設米號，家用漸裕，而子輩不能助理店務，為真憤而歇店，改業飴糖，亦不敷浩繁人口之支出，遂析產令子輩各立門戶，已則出任永年中學拳術教員。有子四，妻蘇氏所生者曰文勤、文桂；繼室王氏所生者曰文田、文興。惟文桂傳其拳技。自郝氏家道中落，文桂以教拳為職業後，武式太極拳始由永年流傳外地。

郝文桂，字月如（一八七七—一九三五），少時體質孱弱，三歲頭猶傾欹，及十餘歲，習太極拳，穎悟異常，體力轉強。月如既得家傳，又從李亦畬讀書，常觀其演勢及打手，益有所悟，年二十，已通曉太極拳之意，然習之不若其父之勤。其後，或在軍幕，或司稅收，所至輒思物色穎悟弟子盡授以學，不可得。

一九二九年，孫祿堂任江蘇國術館副館長於鎮江，薦月如為教習，年餘，共事者或嫉之，月如乃辭職去南京。時南京有為真之弟子李香遠，以一九三〇年至南京授拳，江蘇張士一和陝西馮卓從學焉。及一九三一年，月如至南京。人莫知其拳之內蘊，惟士一與卓識為真傳，二人既從受學，且為揄揚，從學者日眾，然或月餘即去，或數月去，惟張士一、徐震、馮卓相從為久。一九三五年春，由士一言於中央大學校長，得聘為兼任教員。其年秋，患足腫，至十一月而劇，子少如方在上海授拳，聞訊去南京侍疾，半月而月如歿，年僅五十九。

月如教人之法，謂須先求處處協於規矩，久之習慣成自然，明規矩而守規矩，脫規矩而合規矩，自能應敵從容而運勁如轉圜。

所謂規矩者，即武、李所傳之身法。身法之目有十：一曰提頂，二曰吊襠，三曰裹襠，四曰護肫，五曰鬆肩，六曰沈肘，七曰含胸，八曰拔背、九曰閃戰，十曰騰挪。十者皆得而協調，則一舉一動，十三勢俱備。

十三勢者，以掤攌擠按、採挒肘靠為定向，進退顧盼定為因循，開合虛實，純任自然。十者皆得而協調，則一舉一動，無時不中正，而身體各節亦無處不靈活。

因此，月如授初學者專重矯正姿勢，以外引內，由內及外，使內外合一，少有不合，輒令更演，以此授動作甚少，常於三五日內止授一式，而仍以欲速則不達為言。學者不解其意，不耐久習，以是中輟者累累，然月如終不改其教學方法。遺稿有《太極拳圖解》約七萬言。

※　※

附註：參考資料：徐震《雅確文編：太極拳大師永年郝公之碑》，徐震《郝和傳》稿本，孫祿堂《拳意述真》，並據郝少如所述。

六、陳鑫傳

陳鑫，字品三（一八四九—一九二九），河南溫縣陳家溝人。祖父陳有恆，叔祖陳有本，俱以家傳太極拳著名。有本並創造陳氏新架。父陳仲甡、叔陳季甡為孿生兄弟，面貌酷似，鄰里不能辨。有恆中年溺於洞庭湖，仲甡、季甡遂改從叔父有本學拳。

仲甡猿背虎項，魁偉異於常兒，三歲即習武。及長與弟季甡同入武庠。咸同年間，陳家溝拳家以仲甡、季甡與陳長興子耕雲最為著名，而仲甡能持鐵槍重三十斤作戰，尤稱武勇。陳鑫和兄垚從父習拳，垚十九入武庠，每年練拳萬遍，二十年如一日，故功夫純厚，軀幹短小，不知者不信其能武，嘗與縣衙護勇鬥，連擊六七人踣地，餘皆畏怯遁去。

鑫自幼從父習拳，備明理法，故於太極拳亦精微入妙，以父命讀書，而僅得歲貢生，晚年頗悔習文，以為兄習武多成就，於是發憤著書，其志尤在闡發陳氏世代相傳之太極拳理法，著有《陳氏家乘》五卷、《安愚軒詩文集》若干卷、《陳氏太極拳圖說》四卷、《太極拳引蒙入路》一卷及《三三拳譜》。

《陳氏太極拳圖說》自一九〇八年寫起，至一九一九年完成。陳鑫親手抄寫，雖嚴寒盛暑勿懈，其抄本先後有四本，闡發陳氏累代積累的練拳經驗，洋洋二三十萬言，逐勢詳其著法、運勁和周身規矩，以易理說拳理，引證經絡學說，貫串於纏絲勁的核心作用，而以內勁為統馭。鑫無子，老且病，乃召兄子椿元於湘南，以《陳氏太極拳圖說》授之曰：「若可傳則傳之，不則焚之，毋與妄人也。」

一九三〇年冬末，唐豪約陳子明去陳家溝搜集太極拳史料，見其遺稿而善之。一九三一年春初，向河南國術館館長關百益建議購其書，關氏遂集資七百元向椿元購得一本，交開封開明書局於一九三三年出版，線裝四冊。陳鑫歿後，以家貧停柩多年未葬，椿元得稿費後始為營葬。

一九三五年陳績甫（照丕）編著《陳氏太極拳匯宗》（南京版，兩冊）亦採入其圖說，惟所採為別一稿本，內容較前書略少，文字亦間有不同。《太極拳引蒙入路》為陳氏太極拳圖說簡明本；《三三拳譜》則為以太極拳理法修訂形意拳譜者，唐豪於椿元處曾翻閱其書，僅許抄存目錄，其所修訂者約為形意拳原譜十之三云。椿元於一九四九年去世，陳鑫遺稿不知藏於何人之手，自陳家溝陳氏九世陳王廷創造太極拳以來，陳氏世代習其拳，名手輩出，而著述極少，經七傳至陳鑫始重視文字記錄。陳鑫遺稿《引蒙入路》及《三三拳譜》二書，雖有人訪求，迄今無所得，或已毀於抗戰期間云。

※　　※

附註：此傳資料，據陳子明《陳氏世傳太極拳術》、張嘉謀《溫縣陳君墓銘》、陳鑫《陳氏家乘》，並據唐豪生前所述。

本書參考書目

國家體委武術科：太極拳運動
國家體委武術科：武術運動論文集
許禹生：太極拳勢圖介
陳微明：太極拳術
陳微明：太極答問
孫祿堂：太極拳學
孫祿堂：拳意述真
陳　鑫：陳氏太極拳圖說
陳績甫：太極拳滙宗
陳子明：陳氏世傳太極拳術
楊澄甫：太極拳體用全書
徐致一：太極拳（吳鑒泉式）
陳炎林：太極拳刀劍杆散手合編
張文元：太極拳常識問題解答
楊禹廷：太極拳動作解說
體育院校本科講義：武術
樊一魁：忠義拳圖稿本

唐　豪：王宗岳陰符槍譜
唐　豪：內家拳
唐　豪：戚繼光拳經
唐　豪：中國武藝圖籍考（及補編）
唐　豪：中國民族體育圖籍考
徐　震：太極拳考信錄
徐　震：太極拳譜理董辨偽錄
唐豪考釋：李廉讓堂本太極拳譜（稿本）
郝和藏本：李亦畬手寫本太極拳譜
陳　鑫：陳氏家乘（稿本，唐豪收藏）
　　陳氏家譜（陳槐三家藏，唐豪收藏）
沈家楨抄藏：楊澄甫傳抄本太極拳譜
沈家楨抄藏：宋書銘傳抄本太極拳譜
郝少如藏：郝月如太極拳遺著
向愷然：太極拳名稱的解釋及太極拳推手的研究（一九五六年油印本）
明史　卷二五九，楊鎬傳；卷二九九，張三豐傳
太和山誌
曹秉仁：寧波府誌

永年縣誌
溫縣誌
登封縣誌
嵩山誌
黃黎洲：王徵南墓誌銘
黃百家：內家拳法
戚繼光：紀效新書
俞大猷：正氣堂文集
唐順之：荊川文集
茅元儀：武備誌
何良臣：陳記
程沖斗：耕餘剩技
高　濂：遵生八箋
周子全書
三豐全書
中醫學概論
內經
顧留馨編著：怎樣練習簡化太極拳

後記

五〇年代後期，受中國武術史拓荒者唐豪先生的影響和鼓勵，顧留馨先生總結了自己過去博而不精的缺憾，遂於公務之暇，以發掘、整理為己任，潛心研究太極拳術理論。其一生博採眾長，重實用，斥花假，尤精太極拳；對武術技法以實踐來進行比較，辨其優劣，決定取捨，並身體力行，「著書立說，嘉惠後學」，為傳統武術的發展作出應有的貢獻。

一九六二年經中國武術協會審定，《太極拳研究》一書納入《中華武術文庫》「理論部」，由人民體育出版社發行第二版。歲月滄桑，該書自一九六四年問世，迄今三十餘年，作者以練拳數十年的實踐體會，多次對該書的拳理內涵作重要修訂，下筆嚴謹，以求真諦。

承蒙社方大力支持，今按照作者生前親筆修改的本子，逐一校訂整理，供武術理論愛好者切磋。

元莊

一九九五年二月於上海

NOTE

NOTE

NOTE

NOTE

NOTE

〈珍貴本〉太極拳研究

著　　者｜唐豪、顧留馨
責任編輯｜艾瑞克

發 行 人｜蔡森明
出 版 者｜大展出版社有限公司
社　　址｜台北市北投區（石牌）致遠一路 2 段 12 巷 1 號
電　　話｜(02)28236031・28236033・28233123
傳　　真｜(02)28272069
郵政劃撥｜01669551
網　　址｜www.dah-jaan.com.tw
電子郵件｜service@dah-jaan.com.tw
登 記 證｜局版臺業字第 2171 號

承 印 者｜傳興印刷有限公司
裝　　訂｜佳昇興業有限公司
排 版 者｜千兵企業有限公司
初版5刷｜2012 年 3 月
2版1刷｜2023 年 8 月

定　　價｜350 元

國家圖書館出版品預行編目 (CIP) 資料

太極拳研究 / 唐豪，顧留馨著
— 初版 — 臺北市，大展出版社有限公司，2004.07
面；21 公分 — (武術特輯；59)
ISBN 978-957-468-307-9 (平裝)
1.CST: 太極拳
528.972　　93006706

大展好書　好書大展
品嘗好書　冠群可期

大展好書　好書大展
品嘗好書　冠群可期